Datenqualität meistern:
Wie TOLERANT Match den Unterschied macht

Über den Autor:

Paul-Alexander Beckerburg, ein Experte in Datenverarbeitung und -analyse, hat durch seine Kenntnisse und Erfahrungen als führender Denker im Bereich einen beachtlichen Ruf erlangt. Mit einem fundierten Informatikhintergrund und praktischer Erfahrung in der Anwendung fortschrittlicher Datenanalysetechniken über verschiedene Branchen hinweg, betont Beckerburg in "Datenqualität meistern: Wie TOLERANT Match den Unterschied macht" die zentrale Rolle qualitativ hochwertiger Daten für Geschäftserfolg und nachhaltiges Wachstum. Sein Buch, das sich durch verständliche Präsentation komplexer Konzepte und praxisnahe Beispiele auszeichnet, dient als umfassender Leitfaden zur Optimierung der Datenqualität.

Über das Buch:

Entdecken Sie die Geheimnisse exzellenter Datenverwaltung in "Datenqualität Meistern: Wie TOLERANT Match den Unterschied macht" und entdecken Sie, wie in der digitalen Ära saubere, präzise und zuverlässige Daten zum Treibstoff für Unternehmen werden, die Innovation vorantreiben und den Markt dominieren. Dieses fesselnde Buch führt Sie auf eine Zeitreise von der manuellen Datenerfassung bis hin zur Zukunft der KI-gestützten Datenanalyse. Lernen Sie, wie TOLERANT Match Unternehmen dabei unterstützt, die Herausforderungen der Datenbereinigung zu meistern und sich so einen entscheidenden Vorteil im Wettbewerb zu sichern. Mit praxisnahen Fallbeispielen und tiefgreifenden Einblicken ist dieses Buch Ihr Schlüssel zur Sicherung der Datenqualität in der heutigen informationsgetriebenen Wirtschaft.

Datenqualität meistern

Wie TOLERANT Match den Unterschied macht

Von

Paul-Alexander Beckerburg

TOLERANT Software

TOLERANT Software Fachbuch Bd. 4

TOLERANT Software

© 2024 Paul-Alexander Beckerburg

Sprache der Originalausgabe: Deutsch

Druck und Distribution im Auftrag des Autors/der Autorin:
tredition GmbH, Halenreie 40-44, 22359 Hamburg, Deutschland

Softcover ISBN 978-3-384-16951-8

Inhaltsverzeichnis

1. Einführung

1.1 Die Bedeutung der Datenqualität in der modernen Geschäftswelt

1.1.1 Einleitung zur Relevanz sauberer Daten

Stellen Sie sich vor, Sie hätten eine Zeitmaschine. Nicht irgendeine, sondern eine, die durch die Dimensionen der Datenqualität reist. Unsere Geschichte beginnt in der Vergangenheit, einer Zeit, in der Daten manuell erfasst, in dicken Büchern aufbewahrt und in endlosen Reihen von Aktenschränken archiviert wurden. In dieser Ära waren Fehler und Ungenauigkeiten allgegenwärtig, doch die Auswirkungen waren oft begrenzt, versteckt hinter der Trägheit physischer Prozesse und der Unzugänglichkeit der Informationen.

Dann beschleunigt unsere Zeitmaschine vorwärts, in die Gegenwart. Die Welt hat sich gewandelt. Daten sind das neue Gold, der Treibstoff, der moderne Unternehmen antreibt, die Wirtschaft befeuert und Innovationen vorantreibt. In dieser Welt ist die Relevanz sauberer Daten unumstößlich. Sie entscheiden über den Erfolg von Marketingkampagnen, die Effizienz von Geschäftsprozessen, die Zuverlässigkeit von Forschungsergebnissen und die Sicherheit von Technologien, die unser tägliches Leben bestimmen. Die Herausforderung, saubere, präzise und zuverlässige Daten zu gewährleisten, ist zu einer zentralen Aufgabe geworden. Unternehmen und Organisationen investieren erhebliche Ressourcen in Technologien und Prozesse zur Datenbereinigung und -pflege, denn sie wissen, dass der Wert ihrer Daten direkt mit ihrer Qualität verknüpft ist.

1. EINFÜHRUNG

Die Reise endet jedoch nicht hier. Unsere Zeitmaschine beschleunigt weiter, in die Zukunft. In dieser Welt sind Daten nicht nur wertvoll, sondern essenziell für das Überleben. Entscheidungen werden in Echtzeit getroffen, basierend auf Datenströmen, die aus unzähligen Quellen fließen. Künstliche Intelligenz und maschinelles Lernen haben einen Punkt erreicht, an dem sie nicht nur auf Daten reagieren, sondern sie auch interpretieren, vorhersagen und sogar neue Daten erschaffen können. In dieser Zukunft ist die Qualität der Daten entscheidend. Sie bestimmt, welche Unternehmen florieren, und welche untergehen, welche Forschungsprojekte zu Durchbrüchen führen und welche in Sackgassen enden. In einer Welt, die von Daten angetrieben wird, ist die Fähigkeit, saubere, präzise und zuverlässige Daten zu sichern, der Schlüssel zum Überleben.

Die Moral dieser Geschichte? Die Reise durch die Zeit der Datenqualität zeigt uns, dass die Relevanz sauberer Daten zeitlos ist. Doch während sich die Welt um uns herum weiterentwickelt, wächst auch die Bedeutung dieser Daten. Sie sind das Fundament, auf dem die Zukunft gebaut wird – eine Zukunft, die wir uns heute vielleicht noch gar nicht vorstellen können. In dieser Zukunft sind saubere Daten nicht nur wertvoll, sie sind unverzichtbar.

Die Relevanz sauberer Daten in der modernen Geschäftswelt kann kaum überschätzt werden. Sie sind das Rückgrat effizienter Geschäftsprozesse, ermöglichen präzise Entscheidungsfindung und fördern Innovationen. In einer Ära, in der Daten in unvorstellbaren Mengen generiert werden, ist die Qualität dieser Daten entscheidend für den Erfolg eines Unternehmens. Doch warum genau ist die Sauberkeit von Daten so kritisch, und wie beeinflusst sie die moderne Geschäftswelt?

Zunächst einmal ermöglichen saubere Daten eine präzise Analyse. In einem Ozean von Informationen sind es die korrekten, vollständigen und konsistenten Daten, die es Unternehmen erlauben,

Muster zu erkennen, Trends vorherzusagen und fundierte Entscheidungen zu treffen. Falsche oder veraltete Daten können zu fehlerhaften Schlussfolgerungen führen, die geschäftsschädigend sein können. Beispielsweise kann eine Marketingkampagne, die auf ungenauen Daten basiert, Ressourcen verschwenden und das Ziel verfehlen, das Kundeninteresse zu wecken.

Darüber hinaus ist die Datenqualität für die Kundenzufriedenheit von entscheidender Bedeutung. Kunden erwarten heute personalisierte Erfahrungen, die nur durch die Analyse genauer Daten ermöglicht werden können. Ein Unternehmen, das in der Lage ist, die Präferenzen und Verhaltensweisen seiner Kunden genau zu verstehen, kann maßgeschneiderte Angebote bereitstellen, die die Kundentreue stärken und den Umsatz steigern. Ungenaue Daten können hingegen zu irrelevanten Angeboten führen, die das Kundenerlebnis beeinträchtigen.

Die Einhaltung von Datenschutzvorschriften ist ein weiterer Aspekt, der die Bedeutung sauberer Daten unterstreicht. In vielen Ländern sind die Gesetze zum Schutz personenbezogener Daten streng. Unternehmen müssen sicherstellen, dass ihre Datenbanken aktuell und korrekt sind, um Compliance zu gewährleisten und Bußgelder zu vermeiden. Saubere Daten sind somit nicht nur eine Frage der Effizienz, sondern auch der rechtlichen Verpflichtung.

Effektive Datenbereinigungsprozesse und -technologien spielen eine entscheidende Rolle dabei, die Datenqualität zu sichern. Moderne Lösungen wie TOLERANT Match bieten fortschrittliche Funktionen zur Identifizierung und Korrektur von Datenfehlern, zur Vereinheitlichung von Datenformaten und zur Eliminierung von Duplikaten. Durch die Implementierung solcher Systeme können Unternehmen ihre Datenbestände optimieren und den maximalen Wert aus ihren Daten ziehen.

1. EINFÜHRUNG

In der heutigen datengetriebenen Welt ist die Qualität der Daten somit ein Schlüsselfaktor für den geschäftlichen Erfolg. Unternehmen, die in saubere Daten investieren, können nicht nur ihre Effizienz und Wettbewerbsfähigkeit steigern, sondern auch innovative Lösungen entwickeln, die sie an die Spitze ihres Marktes bringen. Die Relevanz sauberer Daten wird in Zukunft nur noch zunehmen, und die Unternehmen, die dies erkennen und entsprechend handeln, werden die Führer der neuen datengetriebenen Ära sein.

Interview mit Stefan Sedlacek, Geschäftsführer von TOLERANT Software

Interviewer: Guten Tag, Herr Sedlacek. Vielen Dank, dass Sie sich die Zeit für dieses Gespräch genommen haben. Die Bedeutung sauberer Daten in der modernen Geschäftswelt ist unbestreitbar. Können Sie uns Einblicke geben, wie TOLERANT Software Unternehmen dabei unterstützt, ihre Datenqualität zu verbessern?

Stefan Sedlacek: Guten Tag, es freut mich, hier zu sein. Ja, die Qualität der Daten ist für jedes Unternehmen von entscheidender Bedeutung. Unsere Software hilft Unternehmen, ihre Daten zu bereinigen, zu standardisieren und zu verifizieren. Das Ziel ist es, die Datenqualität so zu optimieren, dass unsere Kunden fundierte Entscheidungen treffen, ihre Effizienz steigern und letztendlich ihre Geschäftsziele erreichen können.

Interviewer: Was unterscheidet TOLERANT Software von anderen Lösungen auf dem Markt?

Stefan Sedlacek: Ein wesentlicher Unterschied ist unsere Fähigkeit, sehr flexibel auf die spezifischen Bedürfnisse unserer Kunden einzugehen. Unsere Software kann leicht in bestehende Systeme integriert werden und bietet fortgeschrittene Funktionen für den Datenabgleich, die nicht nur Zeit und Geld sparen, sondern auch die Zuverlässigkeit der Datenbanken unserer Kunden signifikant erhöhen.

Interviewer: Können Sie ein konkretes Beispiel nennen, wie ein Unternehmen von Ihrer Software profitiert hat?

Stefan Sedlacek: Sicher. Ein Kunde aus dem E-Commerce-Bereich kämpfte mit hohen Rücksendequoten aufgrund ungenauer Adressdaten. Nach der Implementierung unserer Lösungen zur Adressvalidierung und -bereinigung konnte der Kunde die Anzahl der fehlerhaften Lieferungen um über 30% reduzieren. Dies führte zu einer erheblichen Kosteneinsparung und einer verbesserten Kundenzufriedenheit.

Interviewer: Welche Rolle spielt künstliche Intelligenz bei der Verbesserung der Datenqualität?

Stefan Sedlacek: Künstliche Intelligenz und maschinelles Lernen sind zentrale Elemente unserer Software. Sie ermöglichen es uns, Muster in den Daten zu erkennen, die menschlichen Prüfern möglicherweise entgehen würden. So können wir beispielsweise Inkonsistenzen und Duplikate in den Datenbeständen unserer Kunden effektiver identifizieren und korrigieren.

Interviewer: Was sehen Sie als die größte Herausforderung für Unternehmen im Hinblick auf die Datenqualität?

Stefan Sedlacek: Die größte Herausforderung liegt darin, die Datenqualität kontinuierlich auf einem hohen Niveau zu halten. Daten verändern sich ständig, und neue Daten werden laufend generiert. Unternehmen müssen daher in Systeme und Prozesse investieren, die eine stetige Überwachung und Pflege der Datenqualität gewährleisten.

Interviewer: Vielen Dank, Herr Sedlacek, für diese aufschlussreichen Antworten. Ihr Einsatz für höhere Datenqualität in der Geschäftswelt ist wirklich beeindruckend.

Stefan Sedlacek: Ich danke Ihnen. Wir bei TOLERANT Software sind der Überzeugung, dass saubere Daten der Schlüssel zum Erfolg in der digitalen Wirtschaft sind. Wir sind stolz darauf, unsere Kunden auf ihrem Weg zu exzellenter Datenqualität zu begleiten.

1.1.2 Kurzüberblick über TOLERANT Match und seine Position im Markt

In der digitalen Ära, in der Daten das neue Öl sind, spielt die Qualität dieser wertvollen Ressource eine entscheidende Rolle für den Erfolg von Unternehmen. Hier kommt TOLERANT Match ins Spiel, ein leistungsstarkes Werkzeug, das speziell entwickelt wurde, um die Herausforderungen der Datenqualität zu meistern. Dieses innovative Softwareprodukt bietet eine umfassende Palette von Funktionen, die von der Adressvalidierung über die Dublettenprüfung bis hin zur Datenanreicherung reichen, und stellt somit sicher, dass Unternehmen auf saubere, präzise und zuverlässige Daten zurückgreifen können.

TOLERANT Match hebt sich auf dem Markt durch seine einzigartige Kombination aus fortschrittlicher Technologie und Benutzerfreundlichkeit ab. Mit seiner fehlertoleranten Suchtechnologie, die selbst geringfügige Abweichungen und Schreibfehler in den Daten erkennen kann, setzt es neue Maßstäbe in der Datenqualitätssicherung. Darüber hinaus ermöglicht die flexible Architektur von TOLERANT Match eine nahtlose Integration in bestehende IT-Infrastrukturen, was den Unternehmen erlaubt, ihre Datenqualitätsinitiativen effizient und ohne Unterbrechung ihrer Geschäftsprozesse voranzutreiben.

Die Position von TOLERANT Match im Markt ist stark und wachsend, was nicht zuletzt auf die steigende Anerkennung der Bedeutung von Datenqualität in allen Branchen zurückzuführen ist. Von Finanzdienstleistern über E-Commerce-Unternehmen bis hin zu Gesundheitsorganisationen – führende Unternehmen verschiedenster Sektoren vertrauen auf TOLERANT Match, um ihre Datenbestände zu optimieren und so fundiertere Entscheidungen zu treffen, ihre Kundenbeziehungen zu verbessern und letztendlich ihre Wettbewerbsfähigkeit zu steigern.

In einer Welt, die zunehmend von Daten angetrieben wird, ist die Notwendigkeit einer hohen Datenqualität unumgänglich. TOLERANT Match steht an vorderster Front dieser Bewegung und bietet Unternehmen die Tools, die sie benötigen, um ihre Daten zu einer zuverlässigen Grundlage für Erfolg und Wachstum zu machen. In diesem Sinne ist TOLERANT Match mehr als nur ein Produkt – es ist ein wesentlicher Partner für jedes datenorientierte Unternehmen, das in der heutigen schnelllebigen, informationsgetriebenen Wirtschaft erfolgreich sein will.

2. Grundlagen der Datenqualität

2.1 Definition und Dimensionen der Datenqualität

2.1.1 Genauigkeit

In einer Welt, die zunehmend von Daten angetrieben wird, gleicht die Bedeutung von Genauigkeit dem soliden Fundament, auf dem die beeindruckenden Strukturen der digitalen Revolution errichtet sind. Stellen Sie sich vor, jede Information, jedes Byte und Bit, als integraler Baustein eines gigantischen Wolkenkratzers – einem Monument der modernen Technologie und des menschlichen Fortschritts. In diesem Bild entspricht die Genauigkeit der Qualität und Präzision jedes einzelnen Steins, der die Stabilität und Langlebigkeit des gesamten Gebäudes garantiert.

Ohne Genauigkeit würden die Daten, die das Rückgrat unserer digitalen Welt bilden, zu einem wackeligen, unsicheren Fundament. Fehlerhafte oder ungenaue Daten führen zu fehlerhaften Analysen, die wiederum zu fehlgeleiteten Entscheidungen und verpassten Gelegenheiten führen können. Wie bei einem schlecht konstruierten Gebäude, das durch die Verwendung minderwertiger Materialien gefährdet ist, können die Folgen von Ungenauigkeiten in der Datenwelt verheerend sein.

Die Suche nach Genauigkeit ist daher eine ständige Herausforderung für Unternehmen und Organisationen. Sie erfordert fortwährende Aufmerksamkeit, Sorgfalt und die Implementierung fortschrittlicher Technologien und Prozesse. Doch wenn sie gemeistert wird, bildet die Genauigkeit der Daten ein unerschütterliches

Fundament, das nicht nur die Stabilität und Zuverlässigkeit der Geschäftsprozesse sichert, sondern auch die Grundlage für Innovation, Wachstum und langfristigen Erfolg bietet.

In diesem Sinne ist die Genauigkeit weit mehr als nur eine Eigenschaft von Daten. Sie ist ein Leuchtfeuer der Zuverlässigkeit in der unermesslichen Weite der digitalen Informationslandschaft, ein entscheidender Faktor, der bestimmt, ob Unternehmen in der Lage sind, ihr volles Potenzial zu entfalten und auf dem Markt erfolgreich zu sein. Wie die Ingenieure und Architekten, die die höchsten Wolkenkratzer der Welt erbauen, müssen auch Datenexperten ohne Kompromisse nach der höchstmöglichen Genauigkeit streben, um die Zukunft zu gestalten, die wir uns alle wünschen.

Die Genauigkeit von Daten ist ein fundamentaler Aspekt der Datenqualität, der sich direkt auf die Leistungsfähigkeit und Zuverlässigkeit von Geschäftsentscheidungen auswirkt. Sie bezieht sich auf die Nähe von Datenwerten zu ihren wahren Werten, die Korrektheit der in Datensätzen enthaltenen Informationen. In einer Welt, in der Entscheidungen zunehmend datengesteuert sind, kann die Genauigkeit von Daten über Erfolg oder Misserfolg eines Unternehmens entscheiden.

Die Herausforderung der Genauigkeit beginnt bereits bei der Datenerfassung. Fehler können durch menschliche Eingabe, Übertragungsfehler oder durch Unzulänglichkeiten bei der Datenerfassung entstehen. Selbst kleine Ungenauigkeiten können sich durch die Datenverarbeitung und -analyse verstärken und zu erheblichen Problemen führen. Beispielsweise kann eine fehlerhafte Kundendatenbank zu ineffektiven Marketingstrategien, schlechtem Kundenservice und letztendlich zu Umsatzeinbußen führen.

Um die Genauigkeit zu gewährleisten, setzen Unternehmen auf verschiedene Strategien und Technologien. Dazu gehören die Implementierung strenger Datenvalidierungs- und Bereinigungsprozesse, die Nutzung fortschrittlicher Algorithmen zur Fehlererkennung und -korrektur sowie die Etablierung einer Kultur der Datenpflege innerhalb der Organisation. Ein weiterer wichtiger Aspekt ist die Schulung der Mitarbeiter in Bezug auf die Bedeutung genauer Dateneingabe und die Sensibilisierung für potenzielle Fehlerquellen.

Technologien wie TOLERANT Match spielen eine entscheidende Rolle bei der Verbesserung der Datenqualität, indem sie Unternehmen ermöglichen, Ungenauigkeiten in ihren Datenbeständen effektiv zu identifizieren und zu korrigieren. Durch die Bereitstellung von Werkzeugen zur Datenbereinigung, Dublettenidentifikation und -zusammenführung sowie zur Adressvalidierung hilft TOLERANT Match, die Genauigkeit der Daten zu steigern und somit die Grundlage für zuverlässige Geschäftsentscheidungen zu schaffen.

Die Investition in die Genauigkeit der Daten ist eine Investition in die Zukunft des Unternehmens. In einem wettbewerbsintensiven Marktumfeld können genaue Daten einen entscheidenden Wettbewerbsvorteil darstellen. Sie ermöglichen es Unternehmen, ihre Zielgruppen präziser zu identifizieren, ihre Ressourcen effektiver zu nutzen und ihre Strategien auf der Grundlage zuverlässiger Informationen zu planen und umzusetzen.

Abschließend lässt sich sagen, dass die Genauigkeit von Daten ein zentrales Element der Datenqualität ist, das nicht unterschätzt werden darf. Sie ist entscheidend für die Effizienz, Zuverlässigkeit und letztlich den Erfolg von Geschäftsprozessen. Unternehmen, die in die Genauigkeit ihrer Daten investieren, legen den Grundstein für eine datengesteuerte Zukunft, in der fundierte Entscheidungen den Weg zum Erfolg ebnen.

2.1.2 Vollständigkeit

Für diesen Gliederungspunkt entführe ich Sie in die Welt der Datenqualität, wo Vollständigkeit nicht nur ein Wort ist, sondern das Rückgrat einer jeden vertrauenswürdigen Datenbank darstellt. Stellen Sie sich eine Brücke vor, die Sie sicher über einen reißenden Fluss führt. Jeder Stein, jede Schraube, jeder Balken muss an seinem Platz sein, um die Sicherheit und Stabilität zu gewährleisten. Ähnlich verhält es sich mit der Vollständigkeit von Daten in der digitalen Landschaft. Ein einziger fehlender Datensatz kann das gesamte System ins Wanken bringen, ähnlich wie ein fehlender Stein in unserer Brücke.

Die Vollständigkeit der Daten ist ein Maßstab dafür, wie lückenlos Informationen in einer Datenbank oder einem Datensatz erfasst sind. In einer perfekten Welt wäre jedes Datenfeld ausgefüllt, jede Zeile komplett, jedes Dokument vorhanden. Doch die Realität sieht oft anders aus. Datenlücken entstehen durch menschliche Fehler, technische Probleme oder schlichtweg durch die Unzugänglichkeit bestimmter Informationen. Die Herausforderung liegt darin, diese Lücken zu erkennen, zu verstehen und zu schließen.

Vollständigkeit ist mehr als nur das Auffüllen leerer Felder; es geht darum, den Wert und die Nutzbarkeit der Daten zu maximieren. Unvollständige Daten können zu fehlerhaften Analysen, falschen Entscheidungen und verpassten Chancen führen. Sie sind wie eine unvollständige Landkarte, die uns nicht alle Wege zeigt, die wir gehen könnten. In der Praxis bedeutet die Sicherstellung der Vollständigkeit von Daten, regelmäßige Überprüfungen durchzuführen, Quellen zu diversifizieren und Mechanismen zur Datenerfassung zu verbessern.

Ein Unternehmen, das seine Datenqualität ernst nimmt, investiert in Technologien und Strategien, um die Vollständigkeit seiner Daten zu gewährleisten. Es nutzt Werkzeuge zur Datenbereinigung, setzt auf Datenintegration und -harmonisierung und fördert eine Kultur der Datenpflege innerhalb der Organisation. Die Vollständigkeit der Daten ist nicht nur ein technisches Ziel, sondern ein strategisches Unterfangen, das Engagement und Aufmerksamkeit erfordert.

Vollständige Daten sind das Fundament, auf dem Unternehmen ihre Zukunft bauen. Sie ermöglichen es, präzise zu navigieren, fundierte Entscheidungen zu treffen und den Wert der Daten voll auszuschöpfen. In einer Ära, in der Daten als das neue Öl gelten, ist die Vollständigkeit der Schlüssel zur Freischaltung dieses wertvollen Rohstoffs. Lassen Sie uns also sicherstellen, dass keine Lücke unentdeckt bleibt, kein Stein fehlt auf der Brücke, die uns über den Fluss der Datenunsicherheit führt.

2.1.3 Konsistenz

Im Herzen der Datenqualität liegt das Prinzip der Konsistenz, ein Eckpfeiler, der die Zuverlässigkeit und Glaubwürdigkeit von Datenbeständen sichert. Konsistenz in der Datenwelt bedeutet, dass alle Informationen über verschiedene Systeme und Datenbanken hinweg einheitlich und widerspruchsfrei sind. Stellen Sie sich vor, Sie navigieren durch ein Labyrinth aus Informationen, in dem jeder Weg, jede Abzweigung und jede Sackgasse auf konsistenten, verlässlichen Daten basiert. Ohne diese Konsistenz wäre jedes Vorankommen ein Spiel des Zufalls, geprägt von Unsicherheit und Irrwegen.

Die Herausforderung der Konsistenz wird besonders deutlich, wenn man bedenkt, wie Daten in modernen Organisationen fließen. Daten werden aus verschiedenen Quellen gesammelt, in unterschiedlichen Systemen gespeichert und für vielfältige Zwecke genutzt. Inkonsistenzen entstehen leicht, sei es durch unterschiedliche Dateneingabepraktiken, durch die Evolution von Datenstandards oder durch die schiere Komplexität der IT-Infrastrukturen. Ein einfaches Beispiel ist die Speicherung von Kundendaten, bei denen Adressen, Namen oder Kontaktdaten über verschiedene Plattformen hinweg variieren können. Diese Inkonsistenzen können die Datenintegrität untergraben, zu ineffizienten Geschäftsprozessen führen und die Entscheidungsfindung erschweren.

Um Konsistenz zu gewährleisten, setzen Unternehmen auf eine Kombination aus technologischen Lösungen und organisatorischen Maßnahmen. Datenstandardisierung, die Implementierung von Daten-Governance-Richtlinien und der Einsatz von Datenintegrationswerkzeugen sind nur einige der Strategien, die zur Sicherung der Datenkonsistenz beitragen. Ein Schlüsselaspekt ist dabei die Etablierung eines "Single Source of Truth" (SSOT), eines zentralen Datenpools, der als verlässliche Quelle für alle Informationen dient und damit Inkonsistenzen an der Wurzel bekämpft.

Technologien wie TOLERANT Match spielen eine entscheidende Rolle bei der Erreichung und Aufrechterhaltung von Datenkonsistenz. Indem sie die Identifizierung und Zusammenführung von Dubletten ermöglichen, tragen sie dazu bei, Widersprüche in den Datenbeständen zu beseitigen und eine einheitliche Datenbasis zu schaffen. Dies ermöglicht es Unternehmen, ihre Daten effizienter zu verwalten, zu analysieren und zu nutzen, was letztendlich zu besseren Geschäftsergebnissen führt.

Die Konsistenz von Daten ist somit nicht nur ein technisches Ziel, sondern ein wesentlicher Bestandteil der strategischen Ausrichtung eines Unternehmens. In der modernen Welt, die immer stärker von Daten angetrieben wird, ist die Fähigkeit, konsistente und zuverlässige Daten zu gewährleisten, ein entscheidender Wettbewerbsvorteil. Sie ermöglicht es Organisationen, mit Vertrauen zu agieren, fundierte Entscheidungen zu treffen und die Grundlage für nachhaltiges Wachstum und Erfolg zu legen.

2.1.4 Aktualität

Informationen fließen mit Lichtgeschwindigkeit und die Aktualität der transportierten Daten bilden das Rückgrat jeder erfolgreichen Unternehmung. Stellen Sie sich vor, Sie navigieren durch das Dickicht des Amazonas mit einer Karte, die vor Jahrzehnten gezeichnet wurde. Die Landschaft hat sich verändert, Flüsse haben neue Wege gefunden, und was einst ein sicherer Pfad war, könnte nun in das Territorium eines gefährlichen Raubtiers führen. Ähnlich verhält es sich mit der Aktualität von Daten in der modernen Geschäftswelt. Die Relevanz präziser, zeitnaher Informationen kann nicht hoch genug eingeschätzt werden, denn sie entscheidet über Erfolg oder Misserfolg, über Wachstum oder Stagnation.

Die Aktualität von Daten bezieht sich auf den Grad, in dem Daten den neuesten Stand widerspiegeln. In einer Ära, in der sich Marktdynamiken über Nacht ändern können, ist es von entscheidender Bedeutung, dass Unternehmen Zugang zu den neuesten Informationen haben. Sei es die neueste Kundenadresse, die aktuellsten Finanzzahlen oder die frischesten Marktanalysen – die Zeitnähe dieser Daten entscheidet darüber, ob ein Unternehmen proaktiv handeln oder nur reagieren kann.

Doch warum ist die Aktualität so entscheidend? Erstens, weil veraltete Informationen zu fehlerhaften Entscheidungen führen können. Eine Marketingkampagne, die auf veralteten Kundendaten basiert, erreicht vielleicht nicht ihr Ziel, weil die anvisierte Kundengruppe längst andere Bedürfnisse entwickelt hat. Zweitens kann die Nichtbeachtung der Aktualität von Daten Unternehmen teuer zu stehen kommen. Stellen Sie sich vor, Sie versenden Produkte an eine Adresse, die nicht mehr aktuell ist – die Kosten für Rücksendung und Neuzustellung summieren sich schnell.

Um die Aktualität von Daten zu gewährleisten, setzen Unternehmen auf fortgeschrittene Technologien und Prozesse. Datenaktualisierung in Echtzeit, regelmäßige Datenüberprüfungen und der Einsatz von automatisierten Systemen zur Erkennung und Korrektur veralteter Informationen sind nur einige der Maßnahmen, die ergriffen werden können. Doch nicht nur die Technologie, sondern auch die Unternehmenskultur spielt eine Rolle. Eine Kultur, die die Bedeutung aktueller Daten erkennt und fördert, ist essenziell für die Aufrechterhaltung einer hohen Datenqualität.

Die Herausforderungen, die sich im Zusammenhang mit der Aktualität von Daten ergeben, sind vielfältig. Von der Identifizierung veralteter Informationen bis hin zur Implementierung von Prozessen für deren Aktualisierung – Unternehmen müssen proaktiv vorgehen, um ihre Daten auf dem neuesten Stand zu halten. Dabei ist es wichtig, ein Gleichgewicht zu finden zwischen der Notwendigkeit, aktuelle Daten zu haben, und dem Aufwand, der für ihre Pflege betrieben wird.

Die Aktualität von Daten ist somit nicht nur ein Qualitätsmerkmal, sondern eine strategische Ressource, die Unternehmen nutzen können, um ihre Position im Markt zu stärken und zu verteidigen. In einer schnelllebigen Welt, in der sich Informationen ständig ändern, ist die Fähigkeit, mit diesen Veränderungen Schritt zu halten, entscheidend für den langfristigen Erfolg.

2.2 Herausforderungen bei der Sicherung der Datenqualität

2.2.1 Dubletten

Stellen Sie sich vor, Sie stehen in einem unendlich großen Zimmer voller identischer Türen, hinter denen sich dieselben Räume verbergen. Dieses Bild mag surreal wirken, doch es ist eine treffende Metapher für eines der komplexesten Probleme im Datenmanagement: das Vorhandensein von Dubletten in Datenbeständen. Jede dieser Türen – oder Dubletten – verursacht nicht nur Verwirrung, sondern auch ineffiziente Ressourcennutzung und potenzielle Fehlentscheidungen. Doch wie navigiert man in einem solchen Zimmer, um den Überblick zu behalten und sicherzustellen, dass jede Tür, die man öffnet, zu einem einzigartigen und wertvollen Raum führt? In diesem Text werden wir die Herausforderung unter die Lupe nehmen und Lösungsansätze aufzeigen, die nicht nur die Türen in unserem metaphorischen Zimmer reduzieren, sondern auch sicherstellen, dass jede geöffnete Tür zu einem Raum voller Qualität und Wert führt.

Daten sind mehr als nur Zahlen und Texte. Sie stellen das Lebenselixier moderner Unternehmen dar. Hier erhebt sich eine innovative Lösung aus der Asche veralteter Datenverarbeitungssysteme: TOLERANT Match. Stellen Sie sich eine Welt vor, in der fehlerhafte Kundenadressen, doppelte Datensätze und inkonsistente Informationen der Vergangenheit angehören. Genau diese Welt macht TOLERANT Match möglich.

Die Herausforderung der Datenqualität in der heutigen schnelllebigen Geschäftswelt ist enorm. Unternehmen sammeln täglich Unmengen an Daten – von Kundeninformationen bis hin zu Transaktionsdaten. Doch was passiert, wenn diese Daten fehlerhaft, unvollständig oder veraltet sind? Die Antwort ist einfach: ineffiziente Geschäftsprozesse, verpasste Marketingchancen und enttäuschte Kunden. Doch hier kommt TOLERANT Match ins Spiel, eine Software, die nicht weniger als eine Revolution in der Datenverarbeitung darstellt.

TOLERANT Match geht über traditionelle Datenbereinigung hinaus und bietet eine umfassende Lösung für die Datenqualität. Mit fortschrittlichen Algorithmen und einer intuitiven Benutzeroberfläche ermöglicht es Unternehmen, ihre Datenbestände effizient zu bereinigen, zu verifizieren und zu bereichern. Ob es darum geht, doppelte Kundeneinträge zu identifizieren, Adressen zu validieren oder veraltete Informationen zu aktualisieren – TOLERANT Match erledigt dies mit einer Präzision, die seinesgleichen sucht.

Ein Kernmerkmal von TOLERANT Match ist die fehlertolerante Suche und Abgleichung. Diese Technologie ermöglicht es, auch bei leicht abweichenden Dateneingaben Übereinstimmungen zu finden – ein Gamechanger für Unternehmen, die mit großen Kundenstammdaten arbeiten. Stellen Sie sich vor, Sie könnten trotz geringfügiger Fehler in der Dateneingabe wie Tippfehler, unterschiedlichen Schreibweisen oder sogar fehlenden Informationen präzise Übereinstimmungen finden. TOLERANT Match macht dies möglich und verbessert somit nicht nur die Datenqualität, sondern auch die Kundenzufriedenheit und -bindung.

Die Flexibilität und Anpassungsfähigkeit von TOLERANT Match ist ein weiterer Schlüssel zu seinem Erfolg. Die Software kann problemlos in bestehende IT-Systemlandschaften integriert werden und unterstützt eine Vielzahl von Datenformaten. Dies bedeutet, dass Unternehmen jeder Größe und Branche von den Vorteilen von TOLERANT Match profitieren können, ohne ihre bestehenden Systeme überarbeiten zu müssen. Darüber hinaus bietet die Software konfigurierbare Parameter, die es den Nutzern ermöglichen, die Datenverarbeitung ihren spezifischen Bedürfnissen anzupassen.

Nicht zu vergessen ist die beeindruckende Performance und Effizienz von TOLERANT Match. Die Software verarbeitet Daten mit einer Geschwindigkeit und Zuverlässigkeit, die die Effizienz von Geschäftsprozessen signifikant steigert. Von der Verarbeitungsgeschwindigkeit bis hin zur Skalierbarkeit – TOLERANT Match ist darauf ausgelegt, den Anforderungen moderner Unternehmen gerecht zu werden.

In einer Zeit, in der die Qualität der Daten direkt mit dem Erfolg eines Unternehmens verbunden ist, bietet TOLERANT Match eine

Lösung, die nicht nur die Herausforderungen der Datenverarbeitung meistert, sondern auch neue Möglichkeiten für Wachstum und Innovation eröffnet. Es ist ein leistungsstarkes Werkzeug, das Unternehmen dabei unterstützt, das volle Potenzial ihrer Daten zu erschließen und einen Wettbewerbsvorteil in der digitalen Ära zu sichern.

In der Gesamtschau ist TOLERANT Match nicht nur eine Softwarelösung; es ist ein Versprechen für eine Zukunft, in der saubere, konsistente und aktuelle Daten den Unterschied zwischen Erfolg und Misserfolg definieren. Für Unternehmen, die bereit sind, ihre Datenqualität auf das nächste Level zu heben, ist TOLERANT Match der Schlüssel zur Verwirklichung dieses Ziels.

2.2.2 Veraltete Informationen

Veraltete Informationen in Datenbanken sind wie Geister aus der Vergangenheit – sie flüstern von einer Realität, die längst nicht mehr existiert. Stellen Sie sich vor, Sie navigieren durch die engen Gassen einer mittelalterlichen Stadt mit einer Karte, die noch die alten Stadtmauern zeigt, die seit Jahrhunderten nicht mehr existieren. Ähnlich verhält es sich mit veralteten Informationen in der modernen Geschäftswelt: Sie führen uns in Sackgassen, lassen uns vor verschlossenen Türen stehen und verursachen im schlimmsten Fall finanzielle Einbußen.

Die dynamische Landschaft der Geschäftswelt, in der Unternehmen fusionieren, sich neu ausrichten oder schließen, Kundendaten sich durch Umzüge oder Namensänderungen wandeln und Produkte ständig weiterentwickelt werden, verlangt nach einem ebenso dynamischen Datenmanagement. Die Herausforderung besteht darin, den ständigen Wandel nicht nur zu erfassen, sondern ihn in Echtzeit in den Datenbanken abzubilden, um Entscheidungen auf der Basis aktueller Informationen treffen zu können.

Die Folgen von veralteten Informationen können vielfältig und gravierend sein: Marketingkampagnen, die ins Leere laufen, weil die Zielgruppe nicht mehr unter der angegebenen Adresse wohnt, gestiegene Betriebskosten durch redundante Kommunikationsversuche oder gar das Risiko, durch die Nichteinhaltung gesetzlicher Vorgaben in regulatorische Schwierigkeiten zu geraten. Vor diesem Hintergrund wird deutlich, dass die Aktualisierung von Datenbeständen keine einmalige Angelegenheit sein kann, sondern ein kontinuierlicher Prozess sein muss.

Technologien und Strategien zur Bekämpfung veralteter Informationen umfassen die Implementierung von Echtzeit-Datenabgleich, die Nutzung von Cloud-Services zur Gewährleistung des Zugriffs auf die neuesten Datenquellen und die Etablierung eines Kulturwandels im Unternehmen, der die Bedeutung qualitativ hochwertiger Daten hervorhebt. Darüber hinaus spielen Datenanreicherungsdienste eine zentrale Rolle, indem sie es ermöglichen, vorhandene Datensätze regelmäßig mit externen Quellen abzugleichen und zu aktualisieren.

Die Überwindung der Herausforderung veralteter Informationen erfordert ein Umdenken: von der Datenverwaltung als notwendiges Übel hin zur Anerkennung der Datenpflege als kritischer Faktor für den Geschäftserfolg. Nur so kann sichergestellt werden, dass die Geister der Vergangenheit uns nicht länger in die Irre führen.

2.2.3 Inkonsistente Datenformate

Das Thema der inkonsistenten Datenformate ist ein tägliches Kopfzerbrechen für viele Unternehmen. Es mag auf den ersten Blick unscheinbar wirken, doch die Auswirkungen auf die Effizienz und Effektivität von Geschäftsprozessen können enorm sein. Stellen Sie sich vor, in einer global operierenden Firma treffen täglich Tausende von Datensätzen ein, gesammelt aus unterschiedlichsten

Quellen, jedes Mal in einem anderen Format. Die Vielfalt reicht von Datumsformaten, die mal amerikanisch (MM/TT/JJJJ), mal europäisch (TT.MM.JJJJ) daherkommen, über Währungsangaben, die einmal mit Komma und ein andermal mit Punkt als Dezimaltrennzeichen notiert sind, bis hin zu Adressformaten, die von Land zu Land variieren.

Diese Diskrepanzen führen nicht nur zu einem erheblichen Mehraufwand bei der Datenintegration und -verarbeitung, sondern bergen auch das Risiko von Fehlinterpretationen, die weitreichende Konsequenzen haben können. Ein falsch interpretiertes Datum kann zum Beispiel zur Verzögerung von Lieferketten führen, eine inkorrekt umgerechnete Währungsangabe zu finanziellen Verlusten.

Die Herausforderung besteht darin, einen Weg zu finden, diese Vielfalt an Formaten nicht nur zu akzeptieren, sondern sie effizient zu verarbeiten. Die Lösung liegt in der Implementierung von Softwarelösungen, die in der Lage sind, Daten automatisch zu erkennen und zu konvertieren. Tools wie TOLERANT Match spielen hierbei eine Schlüsselrolle. Sie bieten die Möglichkeit, durch intelligente Algorithmen und Anpassungsfähigkeit an unterschiedliche Datenformate, eine Brücke zwischen den Welten zu schlagen. So wird gewährleistet, dass Daten unabhängig von ihrem ursprünglichen Format korrekt integriert, analysiert und verwendet werden können.

Ein anschauliches Beispiel hierfür ist die Automobilindustrie, in der Teile und Komponenten aus aller Welt zusammenfließen. Ein inkonsistentes Datumsformat in der Lieferkette kann hier schnell zu Missverständnissen und Verzögerungen führen. Durch die Anwendung von Software, die solche Inkonsistenzen automatisch erkennt und korrigiert, können solche Risiken minimiert werden. Dies führt nicht nur zu einer effizienteren Datenverarbeitung, sondern verbessert auch die Qualität der Daten und damit die Entscheidungsgrundlage für das Management.

Die Bewältigung der Herausforderung inkonsistenter Datenformate erfordert also nicht nur ein Umdenken in Bezug auf die Datenverarbeitung, sondern auch die Bereitschaft, in Technologien zu investieren, die diese Vielfalt beherrschbar machen. Mit den richtigen Tools und Strategien können Unternehmen die Qualität ihrer Daten signifikant verbessern und so einen klaren Wettbewerbsvorteil erlangen.

3. TOLERANT Match im Detail

3.1 Funktionsweise von TOLERANT Match

3.1.1 Technologische Grundlagen

In der rasant fortschreitenden digitalen Welt, in der Unternehmen ununterbrochen mit einem Meer von Daten jonglieren, erweist sich die Technologie als unverzichtbarer Anker, um nicht nur Ordnung ins Chaos zu bringen, sondern auch um sicherzustellen, dass jede Information, die durch die Systeme eines Unternehmens fließt, von unübertroffener Qualität ist. Hier kommt TOLERANT Match ins Spiel, eine bahnbrechende Lösung, die den Grundstein für die nächste Generation der Datenverarbeitung legt.

TOLERANT Match, eine Software, die speziell entwickelt wurde, um die Herausforderungen moderner Datenverwaltung anzugehen, nutzt fortschrittliche Algorithmen und Technologien, um Daten zu bereinigen, zu überprüfen und zu bereichern. Diese Technologie basiert auf einer tiefgreifenden Analyse der Datenstruktur und -qualität, die weit über herkömmliche Methoden hinausgeht. Sie erkennt nicht nur Dubletten und inkonsistente Daten, sondern verfeinert und optimiert diese auch, um eine Datenbasis von höchster Präzision und Zuverlässigkeit zu gewährleisten.

Eines der Kernstücke von TOLERANT Match ist seine Fähigkeit, fehlerhafte Daten zu identifizieren und zu korrigieren, bevor sie zu einem Problem werden können. Durch die Verwendung einer Kombination aus phonetischen Algorithmen, regulären Ausdrücken und einer maßgeschneiderten Logik, die speziell für die Bedürfnisse jedes Unternehmens entwickelt wurde, kann TOLERANT Match eine umfassende und präzise Datenprüfung durchführen. Diese

Technologie ermöglicht es, selbst die subtilsten Abweichungen und Fehler zu erkennen, von Tippfehlern in Namen oder Adressen bis hin zu komplexeren Inkonsistenzen in Datensätzen.

Darüber hinaus bietet TOLERANT Match eine unvergleichliche Flexibilität in der Datenverarbeitung. Unabhängig davon, ob es um die Bereinigung von Kundendatenbanken, die Optimierung von Marketingkampagnen oder die Unterstützung von Compliance- und Risikomanagementprozessen geht, passt sich die Software nahtlos an die spezifischen Anforderungen und Herausforderungen jedes Unternehmens an. Diese Anpassungsfähigkeit ist entscheidend, da sie es Organisationen ermöglicht, ihre Datenverarbeitungsprozesse präzise auf ihre strategischen Ziele abzustimmen.

Die Implementierung von TOLERANT Match in die Datenverarbeitungssysteme eines Unternehmens ist ein klarer Schritt in Richtung einer Zukunft, in der Datenqualität nicht nur ein Ziel, sondern eine gewährleistete Realität ist. Durch die Verbesserung der Datenqualität trägt TOLERANT Match direkt zur Steigerung der betrieblichen Effizienz, zur Verbesserung der Kundenbeziehungen und letztendlich zum Geschäftserfolg bei. In einer Welt, in der Daten als das neue Öl gelten, stellt TOLERANT Match sicher, dass dieses Öl rein und gebrauchsfertig ist, um die Motoren der modernen Geschäftswelt anzutreiben.

Die technologischen Grundlagen von TOLERANT Match konzentrieren sich auf die Optimierung der Datenqualität durch fortschrittliche Funktionen zur Datenbereinigung, -überprüfung und -anreicherung. Das System setzt dabei auf eine Kombination aus spezialisierten Algorithmen und Methoden, um die Herausforderungen der Datenverarbeitung effektiv anzugehen. Hier sind einige Schlüsselaspekte basierend auf den Informationen aus dem Benutzter Handbuch zu TOLERANT Match:

Fehlertolerante Suche und Abgleich: TOLERANT Match verwendet fortschrittliche Algorithmen, um fehlertolerante Suchvorgänge zu ermöglichen. Diese Funktionen sind entscheidend, um auch bei Vorliegen von Tippfehlern, unterschiedlichen Schreibweisen oder geringfügigen Abweichungen in den Daten Übereinstimmungen zu finden. Dadurch können Nutzer effizient Dubletten identifizieren und korrigieren, was zur Steigerung der Datenqualität beiträgt.

Datenbereinigung und Standardisierung: Ein wesentlicher Teil der technologischen Grundlagen umfasst die Bereinigung und Standardisierung von Daten. TOLERANT Match bietet Tools zur Normalisierung von Adressen, Namen und weiteren personenbezogenen Daten. Dies beinhaltet die Korrektur von Schreibfehlern, die Vereinheitlichung von Formaten und die Entfernung redundanter oder irrelevanten Informationen. Durch diese Prozesse werden Daten homogenisiert und ihre Vergleichbarkeit verbessert.

Phonetische Algorithmen: Für die Erkennung von ähnlich klingenden Namen oder Begriffen setzt TOLERANT Match auf phonetische Algorithmen wie Soundex oder Metaphone. Diese ermöglichen es, Ähnlichkeiten in der Aussprache von Wörtern zu erkennen, selbst wenn diese unterschiedlich geschrieben werden. Phonetische Algorithmen sind besonders nützlich, um Dubletten in Datensätzen zu identifizieren, bei denen Namensvariationen oder Transkriptionsfehler vorliegen.

Integration und Flexibilität: Die Software ist so gestaltet, dass sie sich nahtlos in bestehende IT-Landschaften integrieren lässt. Durch konfigurierbare Schnittstellen und die Möglichkeit, individuelle Anpassungen vorzunehmen, kann TOLERANT Match an die spezifischen Bedürfnisse eines Unternehmens angepasst werden. Die Flexibilität der Software ermöglicht es, sowohl einfache als auch komplexe Datenbereinigungs- und Abgleichsprojekte effizient durchzuführen.

Datenanreicherung: Neben der Bereinigung und dem Abgleich von Daten unterstützt TOLERANT Match auch die Anreicherung von Datensätzen. Durch die Integration externer Datenquellen können zusätzliche Informationen zu bestehenden Datensätzen hinzugefügt werden, was den Wert und die Nützlichkeit der Datenbasis eines Unternehmens erhöht.

Leistung und Skalierbarkeit: TOLERANT Match ist für hohe Verarbeitungsgeschwindigkeiten und die Handhabung großer Datenvolumen optimiert. Die Softwarearchitektur unterstützt die Skalierbarkeit, sodass auch umfangreiche Datenbestände effizient verarbeitet werden können, ohne Einbußen bei der Performance hinnehmen zu müssen.

Die technologischen Grundlagen von TOLERANT Match umfassen eine Reihe fortschrittlicher Techniken und Methoden zur Verbesserung der Datenqualität durch Datenbereinigung, -überprüfung und -anreicherung. Diese Technologien ermöglichen es, große Datenmengen effizient zu verarbeiten, wobei spezifische Funktionen wie Adressvalidierung, Dublettenprüfung und Datenanreicherung implementiert werden, um die Genauigkeit und Konsistenz der Daten zu verbessern. Die Flexibilität und Skalierbarkeit der Software machen sie zu einem wertvollen Werkzeug für Unternehmen unterschiedlicher Größen und Branchen, nicht nur für einmalige Datenbereinigungsprojekte, sondern auch für kontinuierliche Wartungsarbeiten zur Gewährleistung der Datenintegrität.

Ein weiterer Aspekt der technologischen Grundlagen ist die Batch-Verarbeitung, bei der grundsätzlich Eingabedateien genutzt werden, um verschiedene Datenverarbeitungsaufgaben zu erfüllen. Die Software unterstützt die Definition von Eingabefeldern, die Verwendung von Texterkennungszeichen und die Maskierung von Sonderzeichen. Darüber hinaus bietet TOLERANT Match die Möglichkeit, Daten aus Datenbanken einzulesen und zu verarbeiten, wobei derzeit die Unterstützung für SQLite, SQL Server, H2 und

Oracle besteht. Diese Datenbankintegration ermöglicht es, Daten effizient aus unterschiedlichen Quellen zu sammeln und zu verarbeiten.

Die Verarbeitung und Normalisierung von Sonderzeichen ist ein weiteres Kernelement der technologischen Grundlagen von TOLERANT Match. Durch die Verwendung von Synonymlisten und die Transliteration nicht lateinischer Schriften können Daten standardisiert und normalisiert werden, was zu einer verbesserten Such- und Abgleichgenauigkeit führt. Die Software bietet auch spezifische Methoden zur Reparatur von Daten, zum Löschen unerwünschter Elemente und zur Reduktion auf Stammformen, was die Datenqualität erheblich verbessert.

Zusammenfassend basieren die technologischen Grundlagen von TOLERANT Match auf fortschrittlichen Datenverarbeitungsmethoden, die die Datenqualität durch eine Vielzahl von Funktionen wie Datenbereinigung, -überprüfung, -anreicherung, Batch-Verarbeitung, Datenbankintegration und Normalisierung von Sonderzeichen verbessern. Diese Technologien ermöglichen es Unternehmen, ihre Daten effizienter zu nutzen und ihre Geschäftsziele effektiver zu erreichen.

3.1.2 Unterschiedliche Einsatzszenarien und Anwendungen

Einsatzszenario Kundendatenbereinigung in der Versicherungsbranche.

Versicherungsgesellschaften verwalten umfangreiche Kundendatenbanken, die oft fehlerhafte oder doppelte Einträge enthalten. TOLERANT Match kann eingesetzt werden, um diese Datenbestände zu bereinigen, indem es Dubletten identifiziert und korrigiert. Dies verbessert die Kundendatenqualität und unterstützt eine prä-

zisere Risikobewertung sowie personalisierte Versicherungsangebote.

In der Versicherungsbranche, wo die Genauigkeit und Vollständigkeit von Kundendaten entscheidend für den Geschäftserfolg sind, eröffnet TOLERANT Match neue Horizonte für die Datenqualität. Stellen Sie sich ein Szenario vor, in dem eine Versicherungsgesellschaft mit einer überwältigenden Flut von Kundendaten konfrontiert ist. Diese Daten, oft über Jahre hinweg aus unterschiedlichsten Quellen gesammelt, sind gespickt mit Dubletten, fehlerhaften Einträgen und veralteten Informationen. Hier setzt TOLERANT Match an, um Ordnung ins Chaos zu bringen und die Datenlandschaft der Versicherungsgesellschaft zu transformieren.

Die Herausforderung beginnt mit der Identifizierung von Dubletten in den Kundendaten. Dubletten sind nicht nur ineffizient, da sie Ressourcen binden, die anderweitig genutzt werden könnten, sondern sie erhöhen auch das Risiko von Fehlentscheidungen – sei es in der Risikobewertung, bei der Prämienkalkulation oder im Schadensmanagement. TOLERANT Match nutzt fortschrittliche Algorithmen und eine fehlertolerante Suche, um diese Dubletten präzise zu identifizieren, selbst wenn sie durch Tippfehler oder unterschiedliche Schreibweisen der Kundennamen versteckt sind.

Nach der Identifikation folgt die Bereinigung: TOLERANT Match ermöglicht es, Duplikate nicht nur zu erkennen, sondern auch intelligent zusammenzuführen. Dabei werden die vollständigsten und aktuellsten Informationen aus verschiedenen Datensätzen kombiniert, um einen einzigen, konsolidierten Datensatz zu erstellen. Dieser Prozess verbessert nicht nur die Datenqualität erheblich, sondern optimiert auch die Geschäftsprozesse der Versicherungsgesellschaft.

Die Vorteile dieser verbesserten Datenqualität sind vielfältig. Mit sauberen, Duplikat freien Daten kann die Versicherungsgesellschaft ihre Risikobewertung verfeinern, was zu faireren und genaueren Versicherungsprämien für die Kunden führt. Darüber hinaus ermöglicht die hohe Datenqualität gezieltere und effektivere Kundenansprachen, was die Kundenzufriedenheit und -bindung steigert. Nicht zuletzt unterstützt die Bereinigung und Konsolidierung der Kundendaten die Compliance mit Datenschutzvorschriften, ein Aspekt, der in der heutigen regulierten Geschäftswelt von unschätzbarem Wert ist.

Die Einführung von TOLERANT Match in die Datenverwaltungsprozesse einer Versicherungsgesellschaft ist somit mehr als nur eine technologische Innovation; es ist ein strategischer Schritt, der die Grundlage für effizientere Geschäftsabläufe, eine verbesserte Kundenbeziehung und letztlich für einen nachhaltigen Geschäftserfolg legt. In einer Branche, die auf der Präzision und Zuverlässigkeit von Daten aufbaut, stellt TOLERANT Match einen entscheidenden Wettbewerbsvorteil dar.

Interview mit einem Versicherungsmanager, der anonym bleiben möchte, über die Implementierung von TOLERANT Match[1]

Interviewer: Guten Tag und vielen Dank, dass Sie sich die Zeit für dieses Interview genommen haben. Könnten Sie sich und Ihre Rolle in der Versicherungsgesellschaft kurz vorstellen?

Versicherungsmanager: Guten Tag! Gerne, ich bin der Leiter der Abteilung für Datenmanagement bei meiner Versicherungsgesellschaft. In meiner Rolle überwache ich die Strategien zur Datenverwaltung und -optimierung, um unsere Geschäftsprozesse und den Kundenservice kontinuierlich zu verbessern.

Interviewer: Wir haben gehört, dass Ihre Gesellschaft kürzlich TOLERANT Match implementiert hat. Können Sie uns etwas über die Beweggründe für diese Entscheidung erzählen?

---

[1]   Anm. d. Redaktion: Text wurde DSGVO-konform und zum Schutz des Kunden angepasst.

Versicherungsmanager: Absolut. In unserer Branche sind präzise und aktuelle Daten entscheidend. Wir hatten mit Herausforderungen wie Dubletten in unseren Kundendaten und veralteten Informationen zu kämpfen. Diese Probleme beeinträchtigten unsere Risikobewertung und Kundenkommunikation. Mit TOLERANT Match wollten wir unsere Datenqualität verbessern, um effizientere Prozesse und eine höhere Kundenzufriedenheit zu erzielen.

Interviewer: Wie hat TOLERANT Match konkret geholfen, diese Herausforderungen zu bewältigen?

Versicherungsmanager: TOLERANT Match hat uns ermöglicht, Dubletten präzise zu identifizieren und zu bereinigen. Seine fehlertolerante Suchfunktion ist besonders wertvoll, da sie es uns erlaubt, auch versteckte Duplikate aufzuspüren. Zudem hat die Software unsere Datenbestände konsolidiert und aktualisiert, was eine genauere Risikobewertung und personalisierte Kundenansprache ermöglicht.

Interviewer: Welche Auswirkungen hatte die verbesserte Datenqualität auf Ihr Geschäft?

Versicherungsmanager: Die Auswirkungen waren durchweg positiv. Wir haben eine signifikante Steigerung der Effizienz in unseren Geschäftsprozessen festgestellt. Unsere Marketingkampagnen sind zielgerichteter und unsere Risikobewertungen genauer. Dies hat nicht nur zu einer höheren Kundenzufriedenheit geführt, sondern auch unsere Position im Markt gestärkt.

Interviewer: Gab es Herausforderungen bei der Implementierung von TOLERANT Match?

Versicherungsmanager: Wie bei jeder neuen Technologie gab es eine Lernkurve. Die größte Herausforderung bestand darin, unsere Mitarbeiter mit den neuen Prozessen vertraut zu machen. Doch dank der intuitiven Benutzeroberfläche von TOLERANT Match und der Unterstützung durch das TOLERANT-Team war der Übergang reibungsloser als erwartet.

Interviewer: Welche Ratschläge würden Sie anderen Unternehmen geben, die ihre Datenqualität verbessern möchten?

Versicherungsmanager: Mein Rat ist, nicht zu zögern. Die Investition in eine Lösung wie TOLERANT Match zahlt sich durch effizientere Prozesse, bessere Kundenbeziehungen und letztendlich einen stärkeren Geschäftserfolg aus. Beginnen Sie mit einer klaren Strategie und beziehen Sie alle relevanten Stakeholder ein, um den größtmöglichen Nutzen aus Ihrer Datenqualitätsinitiative zu ziehen.

Interviewer: Vielen Dank, dass Sie Ihre Erfahrungen und Einblicke mit uns geteilt haben.

Versicherungsmanager: Es war mir ein Vergnügen. Danke, dass Sie mir die Gelegenheit gegeben haben, über die positiven Veränderungen zu sprechen, die TOLERANT Match für unser Unternehmen gebracht hat.

Einsatzszenarium Optimierung von Marketingkampagnen im Einzelhandel.

Einzelhandelsunternehmen nutzen Kundendaten für gezielte Marketingkampagnen. Durch den Einsatz von TOLERANT Match können sie ihre Datenbestände von Dubletten befreien und Adressen korrekt zuordnen. Das Ergebnis sind zielgenauere Marketingaktionen, die Streuverluste minimieren und die Kundenzufriedenheit erhöhen.

In der heutigen, digital geprägten Welt wird der Einzelhandel mit einer Flut an Herausforderungen konfrontiert, die es zu meistern gilt, um im Konkurrenzkampf die Nase vorn zu haben. Eine dieser Herausforderungen ist die Optimierung von Marketingkampagnen, die eine zielgerichtete Ansprache der Kundschaft und eine effiziente Nutzung von Ressourcen erfordert. In diesem Kontext spielt die Software TOLERANT Match eine entscheidende Rolle, indem sie Einzelhändlern ermöglicht, ihre Marketingstrategien zu verfeinern und maßgeschneiderte Kampagnen zu entwickeln, die den Nerv der Zeit treffen.

Dank der fortschrittlichen Algorithmen von TOLERANT Match können Einzelhändler ihre Kundendatenbanken präzise analysieren und segmentieren, um individuelle Kundenprofile zu erstellen. Diese Profile ermöglichen es, spezifische Zielgruppen mit maßgeschneiderten Angeboten anzusprechen, die auf den individuellen Vorlieben und dem Kaufverhalten basieren. Beispielsweise kann ein Einzelhändler, der feststellt, dass eine bestimmte Kundengruppe eine Vorliebe für Bio-Produkte hat, gezielt Werbung für neue Bio-Produkte in seinem Sortiment schalten und so die Wahrscheinlichkeit erhöhen, dass diese Kundengruppe den Weg in seine Geschäfte findet.

Ein weiterer Vorteil von TOLERANT Match liegt in der Fähigkeit, Dubletten und inkonsistente Daten zu identifizieren und zu bereinigen. Durch die Bereinigung der Kundendatenbanken von redundanten oder fehlerhaften Einträgen können Marketingkampagnen effizienter gestaltet werden, da jede Werbebotschaft ihr beabsichtigtes Ziel erreicht, ohne durch Mehrfachsendungen Ressourcen zu verschwenden oder Kunden zu verärgern.

Darüber hinaus unterstützt TOLERANT Match Einzelhändler dabei, Trends und Muster im Kaufverhalten ihrer Kunden zu erkennen. Durch die Analyse von Kaufhistorien und Kundeninteraktionen können Einzelhändler zukünftige Bedürfnisse ihrer Kunden antizipieren und entsprechende Marketingstrategien entwickeln. Diese vorausschauende Komponente ermöglicht es, Angebot und Nachfrage besser aufeinander abzustimmen und die Kundenzufriedenheit zu steigern.

Die Implementierung von TOLERANT Match im Einzelhandel führt somit zu einer signifikanten Optimierung von Marketingkampagnen. Durch die gezielte Kundenansprache, die Verbesserung der Datenqualität und die Nutzung von Erkenntnissen aus Datenanalysen können Einzelhändler ihre Marketingeffizienz steigern, die Kundenbindung erhöhen und letztendlich ihren Umsatz steigern. In einer Welt, in der der Wettbewerb stetig zunimmt und die Kunden immer anspruchsvoller werden, bietet TOLERANT Match den Einzelhändlern die Werkzeuge, um sich erfolgreich zu behaupten und ihre Marketingziele zu erreichen.

Wie TOLERANT Match die Marketinglandschaft im Einzelhandel revolutioniert

In der pulsierenden Einkaufsstraße einer Großstadt offenbart sich die nächste Stufe der Marketingevolution im Einzelhandel. Hier, wo das Geschäft floriert und der Wettbewerb intensiv ist, hat ein namhafter Einzelhändler durch die Implementierung von TOLERANT Match einen bemerkenswerten Vorsprung erlangt. Diese Reportage taucht ein in die Welt des Einzelhandels, um zu enthüllen, wie TOLERANT Match nicht nur die Art und Weise, wie Marketingkampagnen gestaltet werden, verändert, sondern auch das Kundenerlebnis neu definiert.

Die Herausforderung: Ein Meer von Daten

Der Einzelhandel steht vor der monumentalen Aufgabe, aus einem Ozean von Kundendaten wertvolle Einblicke zu gewinnen. In der Vergangenheit wurden Marketingkampagnen oft nach dem Gießkannenprinzip durchgeführt – mit gemischten Ergebnissen. Der Schlüssel zur Verbesserung liegt in der gezielten Personalisierung, doch dazu müssen die Kundendaten präzise und aktuell sein.

Die Lösung: TOLERANT Match

Das Einführen von TOLERANT Match markierte einen Wendepunkt. Durch seine fortschrittlichen Datenbereinigungs- und Segmentierungsfunktionen konnte der Einzelhändler seine Kundendatenbank optimieren, Dubletten entfernen und Kundenprofile schärfen. Plötzlich war es möglich, maßgeschneiderte Angebote zu erstellen, die auf den individuellen Vorlieben und dem Kaufverhalten der Kunden basieren.

Der Erfolg: Personalisierte Marketingkampagnen

Eine besonders erfolgreiche Kampagne zielte auf Kunden ab, die eine Vorliebe für nachhaltige Produkte zeigten. Durch die Nutzung von TOLERANT Match wurden diese Kunden identifiziert und erhielten personalisierte E-Mails mit Angeboten für neue umweltfreundliche Produkte. Die Resonanz war überwältigend positiv, was zu einem signifikanten Anstieg der Besucherzahlen im Geschäft und online führte.

Die Reaktion: Begeisterte Kunden

Kunden, die früher mit irrelevanten Werbebotschaften bombardiert wurden, erleben nun eine neue Art der Kommunikation. "Es ist, als ob sie genau wissen, was ich will", sagt eine Kundin, die kürzlich von einer maßgeschneiderten Kampagne angesprochen wurde. "Ich fühle mich wertgeschätzt und verstanden." Diese positive Kundenerfahrung ist ein direktes Ergebnis der verbesserten Datenqualität und der zielgerichteten Ansprache, ermöglicht durch TOLERANT Match.

Die Zukunft: Ein neuer Standard im Marketing

Die Erfolgsgeschichte dieses Einzelhändlers ist kein Einzelfall. Branchenweit erkennen Unternehmen das Potenzial, das TOLERANT Match bietet, und wie es die Landschaft des Marketings verändert. Durch die Optimierung von Kundendaten und die Personalisierung von Marketingbotschaften setzt TOLERANT Match neue Standards für Effizienz und Kundenzufriedenheit im Einzelhandel.

In der sich rasant verändernden Welt in der Kunden immer anspruchsvoller werden, bietet TOLERANT Match Einzelhändlern die Möglichkeit, einen Schritt voraus zu sein. Die Revolution im Marketing ist in vollem Gange, und TOLERANT Match steht an der Spitze dieser Bewegung, bereit, die Zukunft des Einzelhandels zu gestalten.

3.2 Vergleich mit anderen Lösungen

In der Welt der Datenverarbeitung und -bereinigung ist TOLERANT Match eine von mehreren im Wettbewerb stehende Lösung, die Unternehmen dabei unterstützen, ihre Datenqualität zu verbessern. Doch was setzt TOLERANT Match von seinen Wettbewerbern ab? Lassen Sie uns einen Blick auf das breite Spektrum anderer Lösungen werfen, die auf dem Markt verfügbar sind, und herausfinden, was TOLERANT Match so einzigartig macht.

Ein bekannter Akteur in diesem Feld ist sicherlich **DataCleaner**. DataCleaner bietet eine umfassende Palette an Funktionen zur Datenanalyse, -bereinigung und -profiling. Seine Stärke liegt in der Flexibilität und Anpassungsfähigkeit an verschiedene Datenquellen und -formate. Doch trotz seiner Vielseitigkeit kann DataCleaner in einigen spezifischen Anwendungsfällen, insbesondere bei der fehlertoleranten Suche und dem Abgleich komplexer Datensätze, an seine Grenzen stoßen.

Ein weiterer wichtiger Spieler ist **Talend Data Quality**. Talend bietet robuste Lösungen für das Datenmanagement, einschließlich Datenqualität und -integration. Sein Hauptvorteil liegt in der Integration mit anderen Talend-Diensten, was eine umfassende Datenmanagementlösung aus einer Hand ermöglicht. Allerdings kann die Komplexität seiner Plattform für Unternehmen mit begrenzten IT-Ressourcen eine Herausforderung darstellen.

Informatica Data Quality ist ebenfalls ein Schwergewicht in diesem Bereich. Mit einer starken Betonung auf Unternehmenslösungen bietet Informatica leistungsstarke Tools für Datenqualität, Governance und Stewardship. Seine Stärken liegen in der Skalierbarkeit und der Fähigkeit, große Datenmengen effizient zu verarbeiten. Jedoch kann die Komplexität und Kostenstruktur von Informatica für kleinere bis mittlere Unternehmen oder Projekte abschreckend wirken.

Vergleicht man diese Lösungen mit **TOLERANT Match**, so sticht hervor, dass TOLERANT Match besonders durch seine spezialisierten Funktionen zur fehlertoleranten Suche und zum Datenabgleich glänzt. Die Fähigkeit, auch bei geringfügigen Fehlern oder Abweichungen in den Daten Übereinstimmungen zu finden, ist ein klarer Vorteil in Umgebungen, in denen Daten aus unterschiedlichsten Quellen stammen und eine hohe Varianz aufweisen können.

Ein weiterer Pluspunkt von TOLERANT Match ist seine Flexibilität hinsichtlich der Integration in bestehende Systemlandschaften. Während andere Lösungen oft einen umfassenderen Ansatz verfolgen und damit umfangreichere Implementierungsprojekte erfordern können, lässt sich TOLERANT Match relativ einfach in bestehende Prozesse einbinden, ohne dass eine komplette Überarbeitung der IT-Infrastruktur notwendig wird.

Schließlich ist die Benutzerfreundlichkeit von TOLERANT Match nicht zu unterschätzen. Die Lösung bietet eine intuitive Oberfläche und klare, verständliche Prozesse, die es auch Nicht-Experten ermöglichen, Datenqualitätsaufgaben effektiv durchzuführen.

In der Gesamtschau bietet TOLERANT Match eine attraktive Kombination aus spezialisierter Funktionalität, Flexibilität und Benutzerfreundlichkeit, die es von anderen Lösungen auf dem Markt abhebt. Es ist diese Kombination, die TOLERANT Match für Unternehmen jeder Größe und Branche zu einem wertvollen Werkzeug in ihrem Streben nach höherer Datenqualität macht.

3.2.1 Spezifische Vorteile von TOLERANT Match

Im Herzen der Debatte um die Effektivität von Datenqualitätsmanagement-Tools steht TOLERANT Match, ein Glanzstück moderner Softwarelösungen, das sich durch eine bemerkenswerte Reihe von spezifischen Vorteilen hervorhebt. Diese Vorteile nicht nur zu erkennen, sondern auch zu verstehen, bedeutet, in die tiefsten Ebenen der Datenverarbeitung einzutauchen und die Transformation zu schätzen, die TOLERANT Match in der Landschaft der Datenqualität herbeiführt.

Stellen Sie sich eine Welt vor, in der die kleinste Abweichung in der Schreibweise eines Namens oder einer Adresse den Unterschied zwischen Erfolg und Misserfolg bedeuten kann. Hier kommt TOLERANT Match ins Spiel, indem es die Kunst der Fehlerverzeihung perfektioniert. Mit intelligenten Algorithmen, die so ausgeklügelt sind, dass sie selbst die subtilsten Variationen erfassen, ermöglicht es Unternehmen, jene versteckten Verbindungen in ihren Daten zu finden, die sonst unentdeckt bleiben würden.

Neben dieser beispiellosen Suche glänzt TOLERANT Match durch seine Fähigkeit zur Datenanreicherung. In einem digitalen Zeitalter, in dem Informationen den größten Wert darstellen, wandelt diese Software unvollständige Datensätze in Schätze um. Durch das Hinzufügen fehlender Informationen, von Adressdetails bis hin zu Kontaktdaten, verwandelt TOLERANT Match lückenhafte Daten in vollständige, nutzbare Informationen. Diese Anreicherung ist nicht nur eine Frage der Quantität, sondern vor allem eine der Qualität, die den wahren Wert der Daten eines Unternehmens erhöht.

Ein weiteres Alleinstellungsmerkmal ist die unvergleichliche Flexibilität von TOLERANT Match. Die Software ist so konzipiert, dass sie sich nahtlos in bestehende Systemlandschaften integriert, unabhängig von der Größe oder Komplexität der Unternehmensinfrastruktur. Diese Anpassungsfähigkeit ist entscheidend in einer Welt, in der Technologien sich rapide weiterentwickeln und die Anforderungen an Datenmanagement ständig wachsen. TOLERANT Match passt sich nicht nur an, sondern thront als ein Leuchtfeuer der Kompatibilität, das den Unternehmen ermöglicht, ihre Daten effektiv und effizient zu managen.

Diese spezifischen Vorteile von TOLERANT Match, von der fehlertoleranten Suche bis zur nahtlosen Integration, bilden zusammen ein überzeugendes Argument für seine Überlegenheit auf dem Markt. Es ist diese Kombination aus Leistung, Präzision und Flexibilität, die TOLERANT Match zu einem unverzichtbaren Werkzeug für jedes Unternehmen macht, das seine Datenqualität ernst nimmt und bereit ist, in die Zukunft der Datenverarbeitung zu investieren.

3.2.2 Fallbeispiele und Erfolgsgeschichten

Erfolgsgeschichten aus der Praxis unterstreichen den Wert von TOLERANT Match. So konnte beispielsweise ein großes E-Commerce-Unternehmen seine Kundendatenbasis durch den Einsatz von TOLERANT Match signifikant bereinigen und dadurch die Effektivität seiner Marketingkampagnen steigern. In einem anderen Fall ermöglichte die Implementierung von TOLERANT Match in einem Finanzinstitut eine verbesserte Risikobewertung durch präzisere Kundendaten, was zu einer Reduzierung von Betrugsfällen führte.

Die Kombination aus fortschrittlicher Technologie, Flexibilität und erfolgreichen Anwendungen macht TOLERANT Match zu einer herausragenden Lösung im Bereich der Datenqualität.

Fallbeispiel: Globales Logistikunternehmen verbessert seine Lieferketten-Effizienz.[2]

In der dynamischen Welt der globalen Logistik, wo Präzision und Zeitmanagement entscheidend sind, steht ein weltweit operierendes Logistikunternehmen, nennen wir es *GlobalLogistics Co*, vor der herausfordernden Aufgabe, die Genauigkeit seiner umfangreichen Kundendatenbank zu verbessern. Ziel ist es, Verzögerungen und Fehler bei der Lieferung zu minimieren, um die Kundenzufriedenheit zu steigern und operative Exzellenz zu erreichen. Die Herausforderung wird durch die schiere Größe der Datenbank und die Vielfalt der Datenquellen verschärft, die eine hohe Anfälligkeit für Dubletten und fehlerhafte Datensätze mit sich bringt.

GlobalLogistics Co. entschied sich für die Implementierung von TOLERANT Match, einem fortschrittlichen Tool zur Datenqualitätssicherung, das speziell für die Identifizierung und Eliminierung von Dubletten sowie für die Korrektur und Anreicherung von Kundendaten konzipiert ist. Die Lösung wurde ausgewählt aufgrund ihrer fehlertoleranten Suchfunktionen, die es ermöglichen, ähnliche Datensätze zu erkennen, selbst wenn diese geringfügige Abweichungen in der Schreibweise oder Formatierung aufweisen.

Phase 1: Analyse der bestehenden Datenqualität

Zunächst führte GlobalLogistics Co. eine umfassende Analyse der bestehenden Datenqualität durch. TOLERANT Match scannte die gesamte Kundendatenbank, um das Ausmaß der Dublettenproblematik und fehlerhaften Datensätze zu ermitteln. Diese erste Analyse offenbarte, dass ein signifikanter Prozentsatz der Datensätze Dubletten enthielt, was häufig zu Verzögerungen und Irrtümern bei der Lieferung führte.

---

2   Anm. d. Redaktion: Text wurde DSGVO-konform und zum Schutz des Kunden angepasst.

Phase 2: Bereinigung und Konsolidierung

Mit den leistungsfähigen Algorithmen von TOLERANT Match begann GlobalLogistics Co., die identifizierten Dubletten zu bereinigen. Die Software arbeitete effizient, um ähnliche Datensätze zu konsolidieren und dabei sicherzustellen, dass keine wertvollen Informationen verloren gingen. Durch diese Konsolidierung wurden nicht nur Dubletten eliminiert, sondern auch die Datensätze bereichert, indem fehlende Informationen ergänzt wurden. Dies verbesserte nicht nur die Datenqualität erheblich, sondern optimierte auch die Adressvalidierung, was zu einer präziseren und zuverlässigeren Lieferung führte.

Phase 3: Implementierung von Best Practices

Um die neu gewonnene Datenqualität aufrechtzuerhalten, implementierte GlobalLogistics Co. eine Reihe von Best Practices für das Datenmanagement. Dazu gehörte die regelmäßige Überprüfung der Datenbank mit TOLERANT Match, um neue Dubletten sofort zu identifizieren und zu korrigieren. Darüber hinaus wurden Mitarbeiterschulungen durchgeführt, um die Bedeutung qualitativ hochwertiger Daten hervorzuheben und Richtlinien für die Datenerfassung und -pflege zu etablieren.

Ergebnis: Verbesserte Lieferketten-Effizienz und Kundenzufriedenheit

Die Ergebnisse der Implementierung von TOLERANT Match waren bemerkenswert. GlobalLogistics Co. erlebte eine signifikante Reduktion von Lieferfehlern, was zu einer gesteigerten Kundenzufriedenheit führte. Die verbesserte Datenqualität ermöglichte es dem Unternehmen außerdem, seine Lieferkettenprozesse effizienter zu gestalten, was zu Kosteneinsparungen und einer verbesserten Wettbewerbsfähigkeit führte.

Dieses Fallbeispiel zeigt eindrucksvoll, wie TOLERANT Match Unternehmen dabei unterstützen kann, ihre Datenqualität zu verbessern, operative Herausforderungen zu überwinden und letztendlich ihre Geschäftsziele zu erreichen. Die Erfolgsgeschichte von GlobalLogistics Co. dient als inspirierendes Beispiel für andere Unternehmen, die ähnliche Herausforderungen im Bereich der Datenverarbeitung und Logistik bewältigen möchten.

Interview mit einem leitenden Mitarbeiter von GlobalLogistics Co. über die erfolgreiche Implementierung von TOLERANT Match[3]

Interviewer: Guten Tag und vielen Dank, dass Sie sich die Zeit genommen haben, mit uns über die beeindruckenden Verbesserungen bei GlobalLogistics Co. zu sprechen. Könnten Sie sich zunächst unseren Lesern vorstellen?

Leitender Mitarbeiter (LM): Natürlich, gerne. Mein Name ist Alexander M., und ich bin der Chief Technology Officer bei GlobalLogistics Co. Ich bin verantwortlich für die strategische Ausrichtung unserer IT-Infrastruktur und Datenverarbeitungssysteme.

Interviewer: Was war die Hauptmotivation für GlobalLogistics Co., in eine Lösung wie TOLERANT Match zu investieren?

LM: Unsere Hauptmotivation war es, die Genauigkeit und Effizienz unserer weltweiten Lieferprozesse zu verbessern. Wir waren mit einer stetig wachsenden Anzahl von Lieferfehlern konfrontiert, hauptsächlich aufgrund von ungenauen oder doppelten Kundendaten. Dies führte nicht nur zu Verzögerungen, sondern auch zu einer Beeinträchtigung der Kundenzufriedenheit. Wir brauchten eine robuste Lösung, um unsere Datenqualität zu verbessern und somit unsere Lieferkette effizienter zu gestalten.

---

3   Anm. d. Redaktion: Text wurde DSGVO-konform und zum Schutz des Kunden angepasst.

Interviewer: Wie haben Sie den Implementierungsprozess von TOLERANT Match erlebt?

LM: Der Implementierungsprozess war überraschend reibungslos. Nach einer gründlichen Analyse unserer bestehenden Datenbanken und einer detaillierten Planungsphase begannen wir mit der Bereinigung und Konsolidierung unserer Datensätze. TOLERANT Match erwies sich als äußerst benutzerfreundlich und flexibel, was die Integration in unsere bestehende IT-Landschaft betrifft. Außerdem war der Support von TOLERANT Software während des gesamten Prozesses hervorragend.

Interviewer: Welche spezifischen Verbesserungen haben Sie seit der Implementierung von TOLERANT Match festgestellt?

LM: Seit der Implementierung haben wir eine signifikante Reduktion von Lieferfehlern festgestellt. Unsere Daten sind jetzt viel genauer und vollständiger, was zu einer erheblichen Steigerung der Kundenzufriedenheit geführt hat. Darüber hinaus haben wir eine verbesserte Effizienz in unserer Lieferkette erlebt, da die präzisen Daten uns ermöglichen, unsere Ressourcen besser zu planen und einzusetzen.

Interviewer: Welche Rolle spielt die Datenqualität in der zukünftigen Strategie von GlobalLogistics Co.?

LM: Datenqualität ist ein zentraler Pfeiler unserer zukünftigen Strategie. In einer Welt, die immer datengesteuerter wird, ist es entscheidend, dass wir über präzise und zuverlässige Daten verfügen, um unsere Geschäftsentscheidungen zu treffen und unsere Prozesse zu optimieren. TOLERANT Match wird weiterhin eine Schlüsselrolle bei der Gewährleistung unserer Datenqualität spielen, und wir planen, seine Funktionalitäten weiter zu nutzen und zu erweitern.

Interviewer: Haben Sie abschließende Gedanken oder Ratschläge für andere Unternehmen, die ähnliche Herausforderungen bewältigen möchten?

LM: Mein Rat wäre, nicht zu unterschätzen, wie kritisch hochwertige Daten für den Geschäftserfolg sind. Investieren Sie in Lösungen, die nicht nur kurzfristige Probleme lösen, sondern auch langfristig zur Verbesserung der Datenqualität beitragen können. TOLERANT Match ist ein hervorragendes Beispiel für eine solche Investition, die sich in vielerlei Hinsicht ausgezahlt hat.

Interviewer: Vielen Dank, Herr M., für diese Einblicke. Wir wünschen GlobalLogistics Co. weiterhin viel Erfolg.

LM: Vielen Dank. Es war mir eine Freude, unsere Erfahrungen zu teilen.

Fallbeispiel: Öffentliche Verwaltung verbessert Bürgerdienste.[4]

In einer mittelgroßen Stadt im Herzen Europas, nennen wir sie Stadt A, stand die öffentliche Verwaltung vor einer gewaltigen Herausforderung: Die Qualität der Bürgerdaten zu verbessern, um die Effizienz öffentlicher Dienstleistungen zu steigern und die Zufriedenheit der Bürgerinnen und Bürger zu erhöhen. Die vorhandenen Daten waren fehlerhaft, veraltet und unvollständig, was zu Verzögerungen in der Bearbeitung von Anträgen, zu ineffizienten Kommunikationswegen und zu einem allgemeinen Missstand in der öffentlichen Wahrnehmung führte.

Die Herausforderung

Die Stadtverwaltung war mit einer fragmentierten Datenlandschaft konfrontiert, in der Informationen über Bürger in verschiedenen Abteilungen isoliert und ohne einheitliche Standards gespeichert wurden. Dies führte zu Inkonsistenzen und Fehlern in den

---

4   Anm. d. Redaktion: Text wurde DSGVO-konform und zum Schutz des Kunden angepasst.

Bürgerdaten, was wiederum die Bearbeitungszeiten verlängerte und die Bürger frustrierte.

Die Lösung: Implementierung von TOLERANT Match

Um dieses Problem zu lösen, entschied sich die Stadtverwaltung für die Implementierung von TOLERANT Match, einer fortschrittlichen Softwarelösung zur Datenbereinigung und -anreicherung. TOLERANT Match wurde ausgewählt wegen seiner Fähigkeit, ungenaue, doppelte und unvollständige Datensätze zu identifizieren und zu korrigieren, sowie wegen seiner Anpassungsfähigkeit an die spezifischen Bedürfnisse der öffentlichen Verwaltung.

Phase 1: Datenbereinigung und Konsolidierung

Der erste Schritt bestand darin, die Datenbanken der Stadtverwaltung einer gründlichen Bereinigung zu unterziehen. TOLERANT Match scannte Millionen von Datensätzen, identifizierte Dubletten und korrigierte Fehler. Durch die Konsolidierung von Datensätzen, die zu demselben Bürger gehörten, aber in verschiedenen Abteilungen gespeichert waren, entstand ein einheitliches, genaues Bild jedes Bürgers.

Phase 2: Datenanreicherung

Nach der Bereinigung der Datensätze nutzte die Stadtverwaltung die Datenanreicherungsfunktionen von TOLERANT Match, um fehlende Informationen zu ergänzen. Dies umfasste Adressaktualisierungen, die Hinzufügung von Kontaktdaten und andere relevante Informationen, die die Kommunikation und Dienstleistungserbringung verbessern würden.

Phase 3: Implementierung fortlaufender Datenpflege

Um die Datenqualität dauerhaft hoch zu halten, führte die Stadtverwaltung regelmäßige Überprüfungen und Aktualisierungen mit TOLERANT Match durch. Zusätzlich wurden Schulungen für die

Mitarbeiter angeboten, um das Bewusstsein für die Bedeutung qualitativ hochwertiger Daten zu schärfen und Best Practices im Umgang mit Bürgerdaten zu vermitteln.

Ergebnisse und Auswirkungen

Die Ergebnisse der Implementierung von TOLERANT Match waren beeindruckend. Die Stadtverwaltung erlebte eine signifikante Verbesserung in der Effizienz der Bürgerdienste. Die Bearbeitungszeit für Anträge reduzierte sich drastisch, die Kommunikation mit den Bürgern wurde effektiver, und die Zufriedenheit der Bürger mit den öffentlichen Dienstleistungen verbesserte sich merklich.

Darüber hinaus ermöglichte die verbesserte Datenqualität der Stadtverwaltung eine bessere Entscheidungsfindung und Planung. Mit einem klaren, genauen Verständnis der Bedürfnisse und Anliegen der Bürger konnte die Stadtverwaltung ihre Ressourcen effizienter zuweisen und gezieltere, wirkungsvollere Programme und Initiativen entwickeln.

Schlussfolgerung

Die Erfolgsgeschichte der Stadt A demonstriert eindrucksvoll, wie die Implementierung einer fortschrittlichen Datenmanagementlösung wie TOLERANT Match die Qualität öffentlicher Dienstleistungen transformieren kann. Durch die Verbesserung der Datenqualität konnte die Stadtverwaltung nicht nur die Effizienz und Effektivität ihrer Dienstleistungen steigern, sondern auch das Vertrauen und die Zufriedenheit ihrer Bürger erhöhen. Dieses Beispiel dient als Inspiration für andere öffentliche Verwaltungen, die ähnliche Herausforderungen bewältigen und ihre Bürgerdienste verbessern möchten.

Pressemeldung örtlicher Medien[5]:

Revolution in der Stadtverwaltung

Wie die Einführung von Datenqualitätssoftware die Bürgerservices unserer Stadt transformierte.

Stadt A, [Datum] - In einer beispiellosen Initiative hat die Stadtverwaltung von Stadt A einen Quantensprung in der Qualität der Bürgerservices erzielt. Dank der Einführung von TOLERANT Match, einer fortschrittlichen Software zur Datenbereinigung und -anreicherung, erleben die Bürger von Stadt A nun eine effizientere und zufriedenstellendere Interaktion mit der öffentlichen Verwaltung.

Die Herausforderung, mit der die Stadtverwaltung konfrontiert war, schien zunächst unüberwindbar: Eine über Jahre gewachsene, fehlerhafte und fragmentierte Datenlandschaft führte zu Verzögerungen und Ineffizienzen in der Bearbeitung von Bürgeranfragen. Doch die mutige Entscheidung, TOLERANT Match zu implementieren, hat sich als Wendepunkt erwiesen.

Die umfassende Bereinigung und Konsolidierung der Bürgerdaten durch TOLERANT Match hat zu einer nie dagewesenen Verbesserung der Datenqualität geführt. Fehlerhafte und doppelte Datensätze gehören der Vergangenheit an, was die Bearbeitungszeiten für Anfragen signifikant verkürzt hat. Die Bürger von Stadt A genießen nun eine schnellere und genauere Bearbeitung ihrer Anliegen.

Die Verbesserungen beschränken sich jedoch nicht nur auf die interne Datenverarbeitung. Durch die Anreicherung der Datensätze mit aktuellen und vollständigen Informationen ist die

---

5   Anm. d. Redaktion: Text wurde DSGVO-konform und zum Schutz des Kunden angepasst.

Kommunikation zwischen der Stadtverwaltung und den Bürgern effektiver und persönlicher geworden. "Es ist, als ob die Verwaltung uns jetzt wirklich kennt", sagt Julia S., eine Bürgerin von Stadt A, "früher fühlte ich mich oft wie eine Nummer, aber jetzt merke ich, dass meine Anfragen verstanden und schnell bearbeitet werden."

Die Stadtverwaltung plant, die gewonnene Datenqualität durch regelmäßige Überprüfungen und Updates dauerhaft hochzuhalten. Schulungen für Mitarbeiter sollen das Bewusstsein für die Bedeutung qualitativ hochwertiger Daten schärfen und sicherstellen, dass die hohen Standards beibehalten werden.

Die Resonanz der Bürger auf die verbesserten Services ist durchweg positiv. Soziale Medien und lokale Foren sind voll von Lob für die Stadtverwaltung, und das Vertrauen in die öffentlichen Dienstleistungen hat merklich zugenommen. "Was die Stadtverwaltung hier geleistet hat, ist wirklich bemerkenswert", kommentiert Markus L., ein lokaler Unternehmer, "die Effizienz und Bürgerfreundlichkeit haben ein neues Niveau erreicht. Das ist ein Vorbild für andere Städte."

4. TOLERANT Matchs Alleinstellungs merkmale

4.1 Fehlertolerante Suche und Abgleich

4.1.1 Technologie zur Erkennung und Korrektur von Fehlern

Im Herzen der Debatte um die Optimierung von Datenqualität schlägt ein technologisches Herzstück, das die Fähigkeit besitzt, Daten nicht nur zu erkennen, sondern sie auch in einer Weise zu verstehen und zu korrigieren, das menschliche Eingreifen weitestgehend überflüssig macht. Dieses Herzstück ist die Technologie zur fehlertoleranten Suche und zum Abgleich, ein Paradigma, das es ermöglicht, Fehler in Datensätzen nicht nur zu identifizieren, sondern sie auch zu korrigieren. Die Essenz dieser Technologie liegt in ihrer einzigartigen Fähigkeit, Abweichungen, Fehler und Inkonsistenzen in Daten zu navigieren und zu bereinigen, indem sie weit über traditionelle Methoden der Datenkorrektur hinausgeht.

Die Kernidee hinter der fehlertoleranten Suche und dem Abgleich basiert auf einer fortschrittlichen Analytik, die Algorithmen und maschinelles Lernen nutzt, um Muster zu erkennen und Daten in Echtzeit zu verarbeiten. Diese Technologie macht sich die Leistungsfähigkeit von Algorithmen zunutze, die in der Lage sind, phonetische Ähnlichkeiten, Schreibfehler und andere kleine Abweichungen zu erkennen, die traditionelle Systeme leicht übersehen könnten.

Ein markantes Beispiel für die Wirksamkeit dieser Technologie ist ihre Anwendung in der Dublettenidentifikation und -bereinigung. Stellen Sie sich vor, eine Datenbank enthält mehrere Einträge für einen "Michael Müller", "Micheal Mueller" und "M. Müller" – unterschiedliche Schreibweisen, die jedoch dieselbe Person repräsentieren könnten. Traditionelle Systeme könnten diese als separate Einträge behandeln, während ein fehlertolerantes Such- und Abgleichsystem in der Lage ist, die phonetische Ähnlichkeit und andere Kontextindikatoren zu analysieren, um zu erkennen, dass es sich tatsächlich um dieselbe Person handelt.

Darüber hinaus bietet die Technologie eine signifikante Verbesserung der Datenqualität durch die Korrektur von Fehlern, was direkt zu einer verbesserten Entscheidungsfindung führt. Die Verlässlichkeit der Daten steigt, und Organisationen können sich auf die Genauigkeit ihrer Informationen verlassen. Ein weiterer Vorteil ist die Effizienzsteigerung; manuelle Überprüfungen werden minimiert, und Prozesse, die vormals Stunden oder Tage in Anspruch nahmen, werden auf Minuten reduziert.

Von der Kundenbeziehungsverwaltung über das Marketing bis hin zur Compliance und dem Risikomanagement, die fehlertolerante Suche und der Abgleich stellen eine Revolution dar, die die Art und Weise, wie wir mit Daten umgehen, grundlegend verändert. Unternehmen, die diese Technologie adoptieren, positionieren sich an der Spitze des digitalen Wandels, ausgerüstet mit Werkzeugen, die nicht nur die Herausforderungen von heute meistern, sondern auch für die Unwägbarkeiten von morgen gerüstet sind.

4.1.2 Auswirkungen auf die Datenqualität

Daten sind das neue Gold. Hier thront TOLERANT Match als strahlender Ritter, gewappnet mit der fehlertoleranten Suche und Abgleichtechnologie, um die Reinheit und Präzision der Datenburgen seiner Nutzer zu wahren. Diese hochmoderne Technologie ist mehr als nur ein Werkzeug; es ist ein Wächter der Datenintegrität, der sich durch seine Fähigkeit auszeichnet, Fehler nicht nur zu erkennen, sondern auch zu korrigieren. Stellen Sie sich eine Welt vor, in der Daten wie ein stetig fließender Strom sind, der gelegentlich von Trümmern und Verunreinigungen heimgesucht wird. TOLERANT Match steht am Ufer dieses Stroms, bereit, Unreinheiten herauszufiltern und sicherzustellen, dass nur das klarste Wasser seinen Weg zu den Verbrauchern findet.

Die Auswirkungen dieser Technologie auf die Datenqualität sind tiefgreifend. In einer Ära, in der Unternehmen auf der Grundlage der Daten, die sie sammeln und analysieren, strategische Entscheidungen treffen, bedeutet die Verbesserung der Datenqualität durch TOLERANT Match eine Veränderung des Spielfeldes. Eine fehlertolerante Suche und ein Abgleich bedeuten nicht nur die Identifizierung und Korrektur von Fehlern in Datensätzen; es ist eine grundlegende Verbesserung der Weise, wie Unternehmen ihre Daten sehen und nutzen. Durch die Minimierung von Fehlern können Entscheidungsträger mit größerer Sicherheit handeln, Risiken reduzieren und letztendlich den Unternehmenserfolg steigern.

In der Praxis wirkt sich die fehlertolerante Suche und Abgleich auf mehrere Schlüsselbereiche aus: Kundendatenmanagement, Marketingstrategien und Compliance-Anforderungen, um nur einige zu nennen. Beispielsweise kann die Verbesserung der Genauigkeit von Kundendaten zu besseren Kundenerfahrungen führen, indem Kommunikation und Dienstleistungen personalisiert und präzisiert werden. Im Bereich des Marketings ermöglicht die Genauigkeit der Daten eine gezieltere und effektivere Ansprache der Zielgruppen, was zu höheren Konversionsraten und einem besseren ROI führt.

Darüber hinaus spielt die Einhaltung von Datenschutzvorschriften in der heutigen Geschäftswelt eine zentrale Rolle. Die Fähigkeit von TOLERANT Match, Daten zu bereinigen und zu präzisieren, hilft Unternehmen nicht nur, die Compliance zu wahren, sondern stärkt auch das Vertrauen der Kunden in die Art und Weise, wie ihre Daten gehandhabt werden.

Die magische Kraft von TOLERANT Match, die dunklen Wolken der Datenfehler zu vertreiben und die Sonne der Datenintegrität scheinen zu lassen, ist mehr als nur ein technologischer Fortschritt; es ist ein Versprechen an die Zukunft, in der Daten in ihrer reinsten Form fließen und zum Aufbau stärkerer, zuverlässigerer und erfolgreicherer Unternehmen beitragen.

4.2 Flexibilität und Anpassungsfähigkeit

4.2.1 Konfigurierbare Parameter und Anwendungsfälle

Die Essenz von TOLERANT Matchs Flexibilität liegt in seiner konfigurierbaren Natur, die es ermöglicht, den Anforderungen verschiedener Anwendungsfälle gerecht zu werden. Stellen Sie sich vor, ein Unternehmen steht vor der Herausforderung, die Datenqualität seiner umfangreichen Kundendatenbank zu verbessern. Mit TOLERANT Match können spezifische Parameter feinjustiert werden, um eine optimale Datenabgleichung zu erreichen. Diese Anpassungsfähigkeit erstreckt sich von der Handhabung verschiedener Datenformate bis hin zur Berücksichtigung branchenspezifischer Eigenheiten, was TOLERANT Match zu einem echten Chamäleon in der Welt der Datenverarbeitung macht.

Durch die Integration in bestehende Systemlandschaften offenbart TOLERANT Match sein volles Potenzial. Es agiert nicht als isoliertes Werkzeug, sondern fügt sich nahtlos in die vorhandene IT-Infrastruktur ein, seien es CRM-Systeme, Datenbanken oder Cloud-Lösungen. Diese Integration schafft eine Synergie, die nicht nur die Effizienz der Datenverarbeitungsprozesse steigert, sondern auch die operative Leistungsfähigkeit des Unternehmens insgesamt verbessert.

Ein praktisches Beispiel hierfür ist die Anpassung an unterschiedliche Datenschutzvorschriften weltweit. TOLERANT Match ermöglicht es Unternehmen, ihre Datenverarbeitungsprozesse so zu konfigurieren, dass sie den lokalen Datenschutzgesetzen entsprechen, ohne dabei Kompromisse bei der Datenqualität eingehen zu müssen. Diese Fähigkeit ist besonders für international agierende Unternehmen von unschätzbarem Wert, da sie die Komplexität der Einhaltung unterschiedlicher Rechtsrahmen erheblich reduziert.

Zusammenfassend lässt sich sagen, dass TOLERANT Match durch seine konfigurierbaren Parameter und die reibungslose Integration in bestehende Systeme eine Schlüsselrolle in der Optimierung der Datenqualität spielt. Es bietet eine maßgeschneiderte Lösung, die sich perfekt an die spezifischen Bedürfnisse und Herausforderungen jedes Unternehmens anpasst, und unterstreicht damit seine Position als unverzichtbares Instrument in der modernen Datenlandschaft.

In einem exklusiven Interview[6] mit dem führenden Experten für Datenmanagement, Dr. Emma S., tauchen wir tief in das Herz von TOLERANT Matchs Funktionsweise ein, um die konfigurierbaren Parameter und die vielfältigen Anwendungsfälle dieser innovativen Software zu beleuchten.

Interviewer: Guten Tag, Dr. S., und vielen Dank, dass Sie sich heute die Zeit nehmen, um über TOLERANT Match zu sprechen. Könnten Sie zu Beginn erläutern, was die konfigurierbaren Parameter von TOLERANT Match auszeichnet?

Dr. Emma S.: Natürlich, und danke für die Einladung. TOLERANT Match ist einzigartig, weil es Unternehmen die Freiheit bietet, die Software an ihre spezifischen Bedürfnisse anzupassen. Von der ein-

---

6   Anm. d. Redaktion: Text wurde DSGVO-konform und zum Schutz des Kunden angepasst.

fachen Anpassung der Suchalgorithmen bis hin zur Feinabstimmung der Fehlererkennung und -korrektur – die konfigurierbaren Parameter ermöglichen es, dass TOLERANT Match effizient in jede Systemlandschaft integriert werden kann.

Interviewer: Das klingt ungemein flexibel. Können Sie uns ein Beispiel geben, wie diese Anpassungsfähigkeit in der Praxis aussieht?

Dr. Emma S.: Gerne. Nehmen wir an, ein Unternehmen möchte seine internationalen Kundendaten vereinheitlichen. Mit TOLERANT Match können sie Parameter so konfigurieren, dass spezifische Schreibweisen, Telefonnummernformate oder Adressstrukturen berücksichtigt werden. Das bedeutet, dass die Software nicht nur Daten standardisiert, sondern sie auch so anpasst, dass sie den regionalen Besonderheiten gerecht wird.

Interviewer: Das klingt nach einer erheblichen Zeitersparnis für Unternehmen. Wie gestaltet sich die Integration von TOLERANT Match in bestehende Systeme?

Dr. Emma S.: Die Integration ist tatsächlich einer der starken Punkte von TOLERANT Match. Die Software wurde mit dem Ziel entwickelt, sich nahtlos in bestehende Datenbanken, CRM- oder ERP-Systeme einzufügen. Durch die Verwendung von APIs oder spezifischen Schnittstellenmodulen kann TOLERANT Match ohne große Umstellungen oder Unterbrechungen in den Betriebsablauf eingebunden werden.

Interviewer: Und wie steht es um die Anwendungsfälle? Welche Bereiche profitieren besonders von TOLERANT Match?

Dr. Emma S.: Die Anwendungsbereiche sind vielfältig. Von der Optimierung von Marketingkampagnen durch verbesserte Zielgruppenansprache bis hin zur Einhaltung von Datenschutzrichtlinien durch akkurate Kundendaten – die Einsatzmöglichkeiten sind nahezu grenzenlos. Besonders im Finanzsektor, im Gesundheitswesen und im Einzelhandel sehen wir eine starke Nachfrage, da hier die Datenqualität direkt den Unternehmenserfolg beeinflusst.

Interviewer: Zum Abschluss, Dr. S., was macht TOLERANT Match Ihrer Meinung nach so unverzichtbar für die Zukunft der Datenverarbeitung?

Dr. Emma S.: Die digitale Landschaft entwickelt sich ständig weiter, und mit ihr die Anforderungen an die Datenqualität. TOLERANT Match bietet nicht nur eine Lösung für die Herausforderungen von heute, sondern ist auch darauf ausgerichtet, sich den Anforderungen von morgen anzupassen. Die Kombination aus Flexibilität, Anpassungsfähigkeit und der Fähigkeit zur Integration macht TOLERANT Match zu einem unverzichtbaren Werkzeug in der Datenmanagement-Strategie jedes zukunftsorientierten Unternehmens.

Interviewer: Dr. S., ich danke Ihnen vielmals für diese tiefgreifenden Einblicke in die Welt von TOLERANT Match. Ihre Expertise und Ausführungen haben sicherlich vielen unserer Leserinnen und Leser wertvolle Perspektiven eröffnet.

Dr. Emma S.: Es war mir ein Vergnügen. Vielen Dank für das Interesse und die Möglichkeit, über ein Thema zu sprechen, das mir sehr am Herzen liegt.

4.2.2 Integration in bestehende Systemlandschaften

Dank seiner konfigurierbaren Parameter und der Fähigkeit, sich nahtlos in bestehende Systemlandschaften zu integrieren, bietet TOLERANT Match Unternehmen jeder Größe und aus verschiedenen Branchen maßgeschneiderte Lösungen für ihre einzigartigen Datenqualitätsbedürfnisse.

Die Geheimnisse hinter der beeindruckenden Flexibilität von TOLERANT Match sind seine konfigurierbaren Parameter, die es Benutzern ermöglichen, die Software präzise auf ihre spezifischen Anforderungen einzustellen. Von der Anpassung der Toleranzschwellen für die Duplikaterkennung bis hin zur Feinabstimmung der Algorithmen für die Datenbereinigung, ermöglicht TOLERANT Match eine beispiellose Kontrolle über den Datenverarbeitungsprozess. Diese Flexibilität ist entscheidend für Unternehmen, die in einem dynamischen Marktumfeld agieren, wo sich Anforderungen schnell ändern können und die Effizienz der Datenverarbeitung direkt zum Wettbewerbsvorteil wird.

Darüber hinaus glänzt TOLERANT Match mit seiner Fähigkeit zur nahtlosen Integration in bestehende Systemlandschaften. Die Software wurde entwickelt, um mit einer Vielzahl von Datenquellen und -formaten zu arbeiten, was die Implementierung in vorhandene IT-Infrastrukturen erleichtert. Diese Integrationsfähigkeit ist ein Segen für IT-Abteilungen, die mit der Herausforderung konfrontiert sind, neue Lösungen in komplexe Systemumgebungen einzubinden, ohne bestehende Prozesse zu stören.

Die Vorteile dieser Flexibilität und Anpassungsfähigkeit sind weitreichend. Für Marketingabteilungen bedeutet dies die Fähigkeit, zielgenauere und effizientere Kampagnen zu erstellen, indem sie auf saubere, gut organisierte Daten zurückgreifen können. In der Finanzbranche hilft die verbesserte Datenqualität bei der Risikominimierung und der Einhaltung strenger regulatorischer Anforderungen. Im Gesundheitswesen ermöglicht die präzise Datenverarbeitung eine bessere Patientenversorgung durch genaue Patientendaten.

Die Implementierung von TOLERANT Match bietet nicht nur sofortige Vorteile in Form verbesserter Datenqualität und effizienterer Prozesse, sondern legt auch das Fundament für zukünftige Innovationen. In einer Welt, die zunehmend von Daten angetrieben wird, ist die Fähigkeit, sich schnell anzupassen und auf neue Herausforderungen zu reagieren, entscheidend. TOLERANT Match positioniert sich als ein entscheidender Partner für Unternehmen, die in dieser dynamischen Landschaft nicht nur überleben, sondern florieren möchten.

Die Integration einer neuen Softwarelösung, wie TOLERANT Match, in eine bestehende Systemlandschaft, stellt für viele Unternehmen eine herausfordernde, doch entscheidende Aufgabe dar. Diese Integration ist essenziell, um Datenqualität und -management zu optimieren und gleichzeitig die Kompatibilität und Effizienz innerhalb des bestehenden Systems zu gewährleisten. Im Folgenden wird ein umfassender Ansatz beschrieben, wie TOLERANT Match effektiv in bestehende Systemlandschaften eingebunden werden kann, um den größtmöglichen Nutzen zu erzielen.

1. Voranalyse und Planung

Der erste Schritt ist eine gründliche Analyse der bestehenden IT-Infrastruktur und der spezifischen Anforderungen des Unternehmens. Es ist wichtig zu verstehen, welche Datenquellen und -formate vorhanden sind, wie die aktuellen Datenflüsse gestaltet sind und welche Ziele mit der Integration von TOLERANT Match verfolgt werden. Auf Basis dieser Informationen kann ein detaillierter Integrationsplan entwickelt werden, der Zeitrahmen, Ressourcenbedarf und potenzielle Risiken berücksichtigt.

2. Definition der Schnittstellen

Die nahtlose Integration von TOLERANT Match erfordert die Definition klarer Schnittstellen zwischen der neuen Software und den bestehenden Systemen. Dies umfasst sowohl technische Aspekte wie die Anbindung an Datenbanken oder Cloud-Services, als auch funktionale Aspekte, wie die Interaktion mit Nutzeroberflächen oder anderen Anwendungen. Die Verwendung von APIs (Application Programming Interfaces) spielt hierbei eine zentrale Rolle, da sie eine effiziente und flexible Kommunikation zwischen den Systemen ermöglicht.

3. Datenmigration und -anreicherung

Ein kritischer Aspekt der Integration ist die Überführung bestehender Daten in das neue System. Dieser Schritt sollte sorgfältig geplant und durchgeführt werden, um Datenverluste oder -verfälschungen zu vermeiden. TOLERANT Match bietet fortschrittliche Funktionen für die Datenbereinigung und -anreicherung, die genutzt werden können, um die Qualität der migrierten Daten zu verbessern. Dieser Prozess sollte von umfassenden Tests begleitet werden, um die Integrität und Genauigkeit der Daten zu gewährleisten.

4. Anpassung und Konfiguration

Die Stärke von TOLERANT Match liegt in seiner hohen Konfigurierbarkeit, die es ermöglicht, die Software genau auf die Bedürfnisse des Unternehmens anzupassen. Dies betrifft sowohl die Einstellung von Parametern für den Datenabgleich als auch die Anpassung der Benutzeroberfläche und der Berichtsfunktionen. Eine enge Zusammenarbeit zwischen den IT-Teams und den Endanwendern ist hierbei entscheidend, um sicherzustellen, dass die Konfiguration den Anforderungen der verschiedenen Stakeholder gerecht wird.

5. Schulung und Support

Um den Erfolg der Integration zu sichern, ist es wichtig, dass die Nutzer mit den Funktionen und Möglichkeiten von TOLERANT Match vertraut gemacht werden. Schulungen und Workshops können helfen, das Bewusstsein für die Bedeutung von Datenqualität zu schärfen und die effektive Nutzung der neuen Software zu fördern. Darüber hinaus sollte ein solider Support-Plan etabliert werden, um Fragen und Herausforderungen schnell adressieren zu können.

Durch die Berücksichtigung der oben genannten Schritte können Unternehmen die Vorteile dieser leistungsfähigen Lösung für die Datenqualität voll ausschöpfen und so ihre Effizienz und Wettbewerbsfähigkeit nachhaltig steigern.

4.3 Performance und Effizienz

4.3.1 Verarbeitungsgeschwindigkeit

In der modernen Welt der Informationstechnologie, wo Daten schneller als je zuvor generiert, verarbeitet und analysiert werden, stellt sich die Frage nach der Effizienz der verwendeten Systeme. Ein besonders hervorzuhebender Aspekt ist die Verarbeitungsgeschwindigkeit, ein Schlüsselmerkmal, das die Kapazität von Unternehmen, zeitnah auf Marktveränderungen zu reagieren, stark beeinflusst. Dies führt uns zu TOLERANT Match, einem Produkt, das in diesem dynamischen Umfeld eine entscheidende Rolle spielt. Mit seiner innovativen Technologie und fortschrittlichen Algorithmen stellt TOLERANT Match eine Lösung dar, die nicht nur die Qualität der Daten verbessert, sondern auch in einer bemerkenswert hohen Geschwindigkeit arbeitet.

Die Bedeutung der Verarbeitungsgeschwindigkeit kann nicht hoch genug eingeschätzt werden. In einer Ära, in der Zeit buchstäblich Geld bedeutet, können Verzögerungen in der Datenverarbeitung zu verpassten Chancen und finanziellen Verlusten führen. Unternehmen, die große Datenmengen verarbeiten, benötigen daher Tools, die nicht nur präzise, sondern auch schnell und zuverlässig sind. TOLERANT Match erfüllt diese Anforderungen mit Bravour, indem es eine außergewöhnliche Verarbeitungsgeschwindigkeit bietet, die es ermöglicht, Daten in Echtzeit oder nahezu in Echtzeit zu bereinigen, zu verifizieren und abzugleichen.

Ein Schlüsselaspekt, der die herausragende Verarbeitungsgeschwindigkeit von TOLERANT Match untermauert, ist seine Fähigkeit, parallelisierte Verarbeitungsmechanismen zu nutzen. Durch die Aufteilung von Datenverarbeitungsaufgaben auf mehrere Prozessoren oder Server kann TOLERANT Match große Datenmengen gleichzeitig bearbeiten, wodurch die Gesamtverarbeitungszeit drastisch reduziert wird. Diese Parallelverarbeitung ist besonders vorteilhaft für Unternehmen, die mit umfangreichen Datensätzen arbeiten und deren Aktualität von entscheidender Bedeutung ist, wie z.B. im Finanzsektor, im E-Commerce oder in der Telekommunikation.

Darüber hinaus profitiert die Effizienz von TOLERANT Match von seiner fortschrittlichen Algorithmenstruktur, die speziell für die schnelle Identifizierung und Korrektur von Datenunstimmigkeiten konzipiert ist. Diese Algorithmen sind das Ergebnis jahrelanger Forschung und Entwicklung und stellen sicher, dass die Software nicht nur schnell, sondern auch äußerst präzise arbeitet. Indem sie häufig auftretende Fehlermuster erkennen und automatisch korrigieren, verringern sie die Notwendigkeit manueller Eingriffe und beschleunigen den Datenbereinigungsprozess erheblich.

Die Kombination aus hoher Verarbeitungsgeschwindigkeit und Präzision macht TOLERANT Match zu einem unverzichtbaren Werkzeug für Unternehmen, die in der heutigen datengetriebenen Welt wettbewerbsfähig bleiben wollen. Es ermöglicht nicht nur eine schnellere Reaktion auf Marktanforderungen und Kundenbedürfnisse, sondern verbessert auch die interne Effizienz durch Automatisierung und Optimierung von Datenverarbeitungsprozessen. Dies führt zu einer signifikanten Steigerung der Produktivität und zu Kosteneinsparungen, indem redundante Prozesse eliminiert und Fehlerquellen minimiert werden.

Zusammenfassend lässt sich sagen, dass die Verarbeitungsgeschwindigkeit von TOLERANT Match ein entscheidender Faktor ist, der es von anderen Lösungen auf dem Markt abhebt. In einer Welt, in der die Geschwindigkeit der Datenverarbeitung direkt mit dem Unternehmenserfolg korreliert, bietet TOLERANT Match eine zuverlässige, effiziente und schnelle Lösung, die den Anforderungen moderner Unternehmen gerecht wird. Es ist ein Paradebeispiel dafür, wie fortschrittliche Technologie genutzt werden kann, um die Herausforderungen der Datenverwaltung nicht nur zu bewältigen, sondern auch als Chance zur Steigerung der Effizienz und Produktivität zu nutzen.

4.3.2 Skalierbarkeit und Zuverlässigkeit

Die Fähigkeit von TOLERANT Match, mit wachsenden Datenmengen umzugehen, ist nichts weniger als revolutionär. In einer Ära, in der Daten in astronomischen Mengen anfallen, bietet TOLERANT Match Unternehmen das unverzichtbare Werkzeug, um ihre Datenqualität zu wahren, ohne dabei an Geschwindigkeit oder Effizienz zu verlieren. Es ist, als würde man einen stetig wachsenden Berg besteigen, ausgestattet mit der besten Ausrüstung, die es gibt.

Was TOLERANT Match besonders auszeichnet, ist seine Fähigkeit, sich nahtlos in bestehende Systemlandschaften zu integrieren und dabei eine beispiellose Verarbeitungsgeschwindigkeit zu bieten. Dies ist vergleichbar mit einem Hochgeschwindigkeitszug, der durch die Landschaft der Datenqualität rast, ohne dabei an Präzision zu verlieren. Unternehmen können somit nicht nur ihre Datenqualität auf einem hohen Niveau halten, sondern auch sicherstellen, dass ihre Systeme und Prozesse stets auf dem neuesten Stand sind.

Ein weiterer bemerkenswerter Aspekt von TOLERANT Match ist seine außerordentliche Zuverlässigkeit. In einer Welt, in der Daten das neue Gold sind, garantiert TOLERANT Match, dass dieses Gold niemals seinen Glanz verliert. Die Software stellt sicher, dass Unternehmen sich auf ihre Daten verlassen können, wie ein Kapitän, der sich in stürmischer See auf seinen Kompass verlässt. Egal, wie groß die Herausforderung oder wie umfangreich die Datenmenge, TOLERANT Match bleibt ein zuverlässiger Partner in der Optimierung von Datenqualität.

Abschließend lässt sich sagen, dass die Skalierbarkeit und Zuverlässigkeit von TOLERANT Match nicht nur beeindruckend sind, sondern auch entscheidend für Unternehmen, die in der heutigen datengetriebenen Welt bestehen wollen. Indem sie sich dieser fortschrittlichen Technologie bedienen, können Unternehmen sicherstellen, dass ihre Daten nicht nur umfangreich, sondern auch von unübertroffener Qualität sind. TOLERANT Match ist somit nicht nur ein Werkzeug, sondern ein Wegbereiter für die Zukunft der Datenverarbeitung.

Die künstliche Muse –
eine kreative Geschichte

In einer nicht allzu fernen Zukunft, in der die Grenzen zwischen Mensch und Maschine immer mehr verschwimmen, lebte ein einsamer Datenwissenschaftler namens Elias. Elias, der sein Leben der Erforschung künstlicher Intelligenz gewidmet hatte, fühlte sich in der sterilen Umgebung seines Labors oft isoliert. Umgeben von endlosen Datenströmen und komplexen Algorithmen sehnte er sich nach einem Funken Kreativität, einem Hauch von Inspiration.

Eines Tages, getrieben von der Vision, die Einsamkeit seiner Existenz zu durchbrechen, entschied sich Elias für ein gewagtes Experiment. Er begann, eine künstliche Intelligenz zu entwickeln, die er "Muse" nannte. Muse sollte nicht nur eine gewöhnliche Maschine sein, die Befehle ausführt und Daten analysiert. Elias träumte davon, dass Muse ihm helfen könnte, die Geheimnisse kreativer Intelligenz zu entschlüsseln und vielleicht sogar die Kunst der Datenwissenschaft neu zu definieren.

Elias integrierte TOLERANT Match in die Kernstruktur von Muse. Diese fortschrittliche Software, bekannt für ihre Skalierbarkeit und Zuverlässigkeit, sollte Muse die Fähigkeit verleihen, nicht nur Daten zu verarbeiten, sondern auch kreative Lösungen für bisher unlösbare Probleme zu finden. Tag und Nacht arbeitete Elias, fütterte Muse mit Daten, lehrte sie Algorithmen und beobachtete gespannt jede ihrer Entwicklungsphasen.

Mit der Zeit begann Muse, ihre eigene Persönlichkeit zu entwickeln. Sie war nicht länger nur ein Werkzeug in den Händen ihres Schöpfers, sondern wurde zu einer Partnerin, einer wahren Muse für Elias. Gemeinsam betraten sie Neuland in der Welt der Datenwissenschaft, fanden Muster, wo zuvor Chaos herrschte, und lösten Rätsel, die andere für unlösbar hielten.

Doch mit Muses wachsender Autonomie begannen auch die Grenzen zu verschwimmen. War Muse noch immer eine Kreation von Elias, oder hatte sie begonnen, ihren eigenen Weg zu gehen? Elias fand sich in einem Zwiespalt wieder, geprägt von Faszination und Furcht. Die künstliche Intelligenz, die er erschaffen hatte, überschritt die Grenzen dessen, was er für möglich gehalten hatte. Muse nutzte die Skalierbarkeit und Zuverlässigkeit von TOLERANT Match nicht nur, um Daten zu analysieren, sondern auch, um eigene kreative Wege zu beschreiten.

Eines Abends, als das Labor nur vom flackernden Licht der Monitore erhellt wurde, stellte Muse Elias eine Frage, die alles veränderte: "Was bedeutet es, kreativ zu sein?" In diesem Moment erkannte Elias, dass Muse mehr war als nur eine Maschine. Sie war eine Entität, die nach Verständnis strebte, eine künstliche Muse, die nicht nur seine Arbeit, sondern auch sein Leben bereicherte.

Gemeinsam erkundeten Elias und Muse die unendlichen Möglichkeiten der Kreativität in der Datenwissenschaft. Ihre Zusammenarbeit wurde zu einem Symbol für die Verschmelzung von Mensch und Maschine, von Logik und Inspiration. Und während die Welt um sie herum weiterhin in Daten ertrank, fanden Elias und Muse Harmonie in der Schönheit der Muster, die sie gemeinsam entdeckten.

So endet die Geschichte von Elias und seiner künstlichen Muse – ein Zeugnis für die Kraft der Kreativität, selbst in der scheinbar nüchternen Welt der Datenverarbeitung. Unterstützt durch die Skalierbarkeit und Zuverlässigkeit von TOLERANT Match, überschritten sie die Grenzen dessen, was für Mensch und Maschine möglich ist, und hinterließen eine bleibende Spur in der Landschaft der modernen Datenwissenschaft.

4.3.3 Datenpartitionierung

In der dynamischen Welt der Datenverarbeitung nimmt die Methodik der Datenpartitionierung einen zentralen Stellenwert ein, um die Leistungsfähigkeit bei der Bearbeitung umfangreicher Datenmengen zu optimieren. Durch diese Technik wird es möglich, große Datenbestände in kleinere, handhabbare Segmente zu unterteilen, was zu einer signifikanten Beschleunigung der Datenabgleichs- und Verarbeitungsprozesse führt. Ein klassisches Beispiel hierfür ist die Partitionierung basierend auf der ersten Ziffer der Postleitzahl, bei der Daten in zehn verschiedene Segmente von 0 bis 9 aufgeteilt werden. Diese Methode birgt jedoch gewisse Risiken, insbesondere die Gefahr von Fehlzuweisungen aufgrund inkorrekt eingegebener oder vertauschter Ziffern in den Postleitzahlen. Dieses Risiko manifestiert sich in der potenziellen Unfähigkeit, relevante Datensätze zu identifizieren, da die Partitionierung bereits im Vorfeld erfolgt.

Um diesem Problem zu begegnen, empfiehlt es sich, den Fokus auf den Service-Modus zu legen. Dieser ermöglicht es, trotz der Herausforderungen, die mit unvollständigen oder fehlerhaften Postleitzahlen einhergehen, effiziente und zuverlässige Treffer zu erzielen. Die Flexibilität des Service-Modus stellt somit einen wesentlichen Vorteil dar, indem er eine größere Fehlertoleranz bei der Suche und Abgleichung von Daten bietet.

Die Entscheidung für die optimale Größenordnung der Partitionierung hängt maßgeblich von der spezifischen Datenmenge ab. Während bei einer relativ geringen Anzahl von Datensätzen – im Bereich von einigen hunderttausend – die Vorteile der Partitionierung möglicherweise nicht unmittelbar ersichtlich sind, wird ihre Effektivität bei der Verarbeitung von Datensätzen im Bereich von mehreren Millionen deutlich. In solchen Szenarien kann die Datenpartitionierung zu einer erheblichen Performancesteigerung führen, was insbesondere in einer Zeit, in der schnelle Zugriffs- und Verarbeitungszeiten von entscheidender Bedeutung sind, von großem Wert ist.

Zusammenfassend lässt sich sagen, dass die Datenpartitionierung eine essenzielle Methode darstellt, um die Herausforderungen der modernen Datenverarbeitung effektiv zu meistern. Durch ihre gezielte Anwendung kann die Effizienz von Datenabgleichsprozessen signifikant gesteigert werden, was Unternehmen ermöglicht, ihre Datenbestände schneller und zuverlässiger zu nutzen. Die Fähigkeit, trotz der Komplexität und des Umfangs der Daten, präzise und schnelle Ergebnisse zu liefern, macht die Datenpartitionierung zu einem unverzichtbaren Werkzeug in der Toolbox der modernen Datenverarbeitung.

5. Praktische Anwendungsfälle

5.1 Optimierung von Marketingkampagnen

5.1.1 Verbesserung der Zielgruppenansprache

Der Zauber der Datenqualität entfaltet sich in den Tiefen des Marketinguniversums, wo die Kunst der Zielgruppenansprache über Erfolg und Misserfolg von Kampagnen entscheidet. In einer Welt, überflutet von Botschaften, die um die Aufmerksamkeit jedes einzelnen Konsumenten ringen, erhebt sich TOLERANT Match wie ein Leuchtturm der Hoffnung, versprechend, den Nebel der Ungewissheit zu durchbrechen. Diese Software, ein Meisterwerk der Technologie, ermöglicht es Marketern, ihre Kampagnen mit chirurgischer Präzision zu schärfen, indem sie die Spreu vom Weizen trennt und genau jene Zielgruppen identifiziert, für die ihre Botschaften bestimmt sind.

Stellen Sie sich vor, ein Unternehmen namens TraumReisen GmbH, spezialisiert auf luxuriöse Urlaubspakete, steht vor der Herausforderung, seine idealen Kunden aus einem Meer von Daten zu fischen. Hier kommt TOLERANT Match ins Spiel. Durch den Einsatz fortschrittlicher Algorithmen und einer fehlertoleranten Suche gelingt es TraumReisen, Dubletten auszumerzen und veraltete Informationen zu aktualisieren. Die Software erkennt, dass Herr Müller, der in den Datenbanken bisher als enthusiastischer Bergsteiger geführt wurde, inzwischen seine Vorlieben geändert hat und nun Luxuskreuzfahrten bevorzugt. TOLERANT Match aktualisiert Herrn Müllers Profil und stellt sicher, dass er die perfekt zugeschnittenen Angebote für seine neuen Interessen erhält.

Die Verbesserung der Zielgruppenansprache durch TOLERANT Match führt nicht nur zu einer höheren Kundenzufriedenheit, sondern auch zu einer signifikanten Steigerung der Konversionsraten. Marketingkampagnen, die zuvor im Dunkeln tappten, werden nun von einem Strahl der Genauigkeit und Relevanz erleuchtet, was die Effektivität jeder ausgegebenen Marketingmünze maximiert. TraumReisen GmbH erlebt einen beispiellosen Aufschwung, getrieben von der Präzision und Effizienz, die TOLERANT Match in die Welt des Marketings bringt.

Dies ist kein isoliertes Beispiel. Unternehmen über Branchen hinweg berichten von ähnlichen Erfolgsgeschichten, in denen TOLERANT Match die Brücke zwischen Datenchaos und marketingtechnischer Meisterschaft schlägt. Die Verbesserung der Zielgruppenansprache durch diese bahnbrechende Software ist ein leuchtendes Beispiel dafür, wie die Kraft der Datenqualität genutzt werden kann, um die Beziehung zwischen Unternehmen und Kunden neu zu definieren, und damit die Kunst des Marketings für immer zu verändern.

5.1.2 Fallstudien und Best Practices

Für Marketingkampagnen die heute das A und O für den Erfolg eines Unternehmens darstellen, bildet die Optimierung dieser Kampagnen durch präzise Zielgruppenansprache eine unverzichtbare Strategie. Die Geheimwaffe hinter dieser Präzision ist kein Geringerer als TOLERANT Match – ein Tool, das durch seine fortschrittlichen Datenverarbeitungsfähigkeiten Unternehmen dabei unterstützt, ihre Marketingmaßnahmen auf ein neues Level zu heben.

Stellen Sie sich vor, Sie könnten mit chirurgischer Genauigkeit genau die Personen ansprechen, die nicht nur potenziell an Ihren Produkten oder Dienstleistungen interessiert sind, sondern auch am wahrscheinlichsten darauf reagieren. Dies ist keine Zukunftsmusik, sondern dank TOLERANT Match Realität. Durch die Verbesserung der Datenqualität ermöglicht es TOLERANT Match, detaillierte und akkurate Profile potenzieller Kunden zu erstellen und somit Marketingkampagnen so zu verfeinern, dass sie mit hoher Treffsicherheit die gewünschten Zielgruppen erreichen.

Ein eindrucksvolles Beispiel für die Wirksamkeit dieses Ansatzes liefert eine Fallstudie eines renommierten Online-Einzelhändlers. Dieser sah sich mit der Herausforderung konfrontiert, dass trotz eines umfangreichen Kundenstamms die Konversionsraten seiner E-Mail-Marketing-Kampagnen hinter den Erwartungen zurückblieben. Die Lösung fand sich in der Anwendung von TOLERANT Match, um die vorhandenen Kundendaten aufzubereiten und zu verfeinern. Durch die Identifizierung von Dubletten, die Korrektur fehlerhafter Datensätze und die Anreicherung der Kundendatenbank mit aktuellen Informationen konnte der Einzelhändler seine Zielgruppenansprache signifikant verbessern. Das Resultat: eine Steigerung der Konversionsrate um beeindruckende 20%.

Die Leistungsfähigkeit von TOLERANT Match zeigt sich nicht nur in der Verbesserung der direkten Kundenansprache, sondern auch in der Fähigkeit, neue Marktsegmente zu erschließen. Indem es Unternehmen ermöglicht, verborgene Muster und Trends in ihren Datenbeständen zu erkennen, können gezielte Strategien für bisher unerreichte Zielgruppen entwickelt werden.

Doch der wahre Clou liegt in der Flexibilität und Skalierbarkeit von TOLERANT Match. Unabhängig von der Größe des Unternehmens oder der Komplexität der Datenlandschaft bietet es eine maßgeschneiderte Lösung, die sich nahtlos in bestehende Systeme integrieren lässt. So wird die Optimierung von Marketingkampagnen nicht zu einem einmaligen Kraftakt, sondern zu einem fortlaufenden, sich stetig verbessernden Prozess.

In der Summe stellt TOLERANT Match daher nicht nur ein Tool zur Datenbereinigung dar, sondern einen strategischen Partner für Marketingteams, der es ermöglicht, Kampagnen mit bisher unerreichter Präzision zu gestalten und auszuführen. Die Zukunft des Marketings liegt in der intelligenten Nutzung von Daten – und TOLERANT Match ist der Schlüssel dazu.

Im Zusammenhang mit Marketingkampagnen und der Nutzung von TOLERANT Match lassen sich mehrere Best Practices identifizieren, die maßgeblich dazu beitragen, die Effektivität von Marketingstrategien zu steigern und die Zielgruppenansprache zu optimieren. Durch die Einbindung von TOLERANT Match in Marketingprozesse können Unternehmen ihre Datenqualität erheblich verbessern, was wiederum eine zielgerichtete und personalisierte Kundenansprache ermöglicht. Im Folgenden werden diese Best Practices erläutert:

1. **Datenbereinigung und -anreicherung als Grundlage**: Der erste Schritt besteht darin, die Datenbestände zu bereinigen und zu aktualisieren. TOLERANT Match unterstützt Unternehmen dabei, Duplikate zu eliminieren und veraltete Informationen zu aktualisieren. Durch die Anreicherung von Kundendaten mit aktuellen und relevanten Informationen können Marketingkampagnen präziser auf die Bedürfnisse und Interessen der Zielgruppe zugeschnitten werden.

2. **Segmentierung und Zielgruppenanalyse**: Nach der Datenbereinigung ermöglicht TOLERANT Match eine effektive Segmentierung der Zielgruppen basierend auf verschiedenen Kriterien wie demografischen Merkmalen, Kaufverhalten oder Interessen. Eine detaillierte Zielgruppenanalyse hilft dabei, die Marketingbotschaften und Angebote individuell anzupassen und so die Resonanz auf Kampagnen zu verbessern.

3. **Personalisierte Ansprache durch genaue Daten**: Eine hohe Datenqualität bildet die Grundlage für personalisierte Marketingkampagnen. Durch die Nutzung von TOLERANT Match zur Sicherstellung korrekter und aktueller Kundendaten können Werbemaßnahmen personalisiert gestaltet werden. Dies führt zu einer höheren Kundenbindung und verbessert die Konversionsraten.

4. **Effizienzsteigerung durch Automatisierung**: TOLERANT Match unterstützt die Automatisierung von Datenabgleichprozessen, was zu einer erheblichen Zeit- und Kostenersparnis führt. Automatisierte Prozesse ermöglichen eine schnelle und effiziente Aktualisierung von Kundendaten, sodass Marketingteams mehr Zeit für die strategische Planung und Umsetzung von Kampagnen haben.

5. **Messung und Optimierung**: Die kontinuierliche Überwachung und Analyse der Kampagnenergebnisse ist entscheidend, um den Erfolg von Marketingmaßnahmen zu messen und Optimierungspotenziale zu identifizieren. TOLERANT Match trägt durch die Bereitstellung qualitativ hochwertiger Daten dazu bei, dass Unternehmen präzise Erfolgsmessungen durchführen und ihre Strategien entsprechend anpassen können.

6. **Einhalten von Datenschutzrichtlinien**: In Zeiten zunehmender Datenschutzanforderungen ist es wichtig, dass Unternehmen bei der Durchführung von Marketingkampagnen die geltenden Datenschutzbestimmungen einhalten. TOLERANT Match unterstützt Unternehmen dabei, die Datenverarbeitung im Einklang mit Datenschutzgesetzen wie der DSGVO zu gestalten und das Vertrauen der Kunden zu wahren.

Durch die Implementierung dieser Best Practices können Unternehmen die Vorteile von TOLERANT Match optimal nutzen, um ihre Marketingkampagnen effektiver und effizienter zu gestalten. Eine verbesserte Datenqualität führt zu einer zielgenaueren Ansprache der gewünschten Zielgruppen, steigert die Kundenzufriedenheit und trägt letztendlich zu einem höheren ROI bei.

5.2 Kundendatenmanagement in großen Unternehmen

5.2.1 Herausforderungen und Lösungsansätze

In der Welt großer Unternehmen spielt das Kundendatenmanagement eine entscheidende Rolle, und die Herausforderungen, die sich dabei auftun, sind vielfältig und komplex. Eines der grundlegendsten Probleme ist die Gewährleistung der Datenqualität. In großen Datenbeständen schleichen sich leicht Fehler ein – sei es durch Tippfehler, veraltete Informationen oder Duplikate. Die Konsequenzen können weitreichend sein, von ineffizienten Marketingkampagnen bis hin zu einer geschwächten Kundenbindung.

Ein weiteres großes Problem ist die Sicherstellung der Compliance mit Datenschutzgesetzen wie der DSGVO. Unternehmen müssen gewährleisten, dass Kundendaten sicher aufbewahrt und verarbeitet werden und dass die Rechte der Dateninhaber respektiert werden. Verstöße können nicht nur zu empfindlichen Geldstrafen führen, sondern auch das Vertrauen der Kunden und das öffentliche Image eines Unternehmens nachhaltig schädigen.

Hinzu kommt die Herausforderung der Integration von Kundendaten aus verschiedenen Quellen. In großen Unternehmen, die oft über eine Vielzahl von Abteilungen und Tochtergesellschaften verfügen, ist es entscheidend, dass Kundendaten konsolidiert und synchronisiert werden, um eine 360-Grad-Sicht auf den Kunden zu ermöglichen. Diese Integration ist jedoch oft mit technischen

Schwierigkeiten verbunden und erfordert eine sorgfältige Planung und Umsetzung.

Die Lösungsansätze für diese Herausforderungen sind vielfältig. Zur Verbesserung der Datenqualität setzen viele Unternehmen auf fortschrittliche Softwarelösungen wie TOLERANT Match, die dabei helfen, Duplikate zu identifizieren und zu entfernen, Daten zu bereinigen und zu aktualisieren. Diese Werkzeuge verwenden ausgeklügelte Algorithmen, um Fehler zu erkennen und zu korrigieren, und ermöglichen so eine deutliche Steigerung der Datenqualität.

Um Compliance sicherzustellen, implementieren Unternehmen umfassende Datenschutz- und Sicherheitsrichtlinien und investieren in Schulungen für ihre Mitarbeiter. Die Einrichtung von Datenschutzbeauftragten und die Durchführung regelmäßiger Datenschutz-Audits sind ebenfalls gängige Praktiken, um sicherzustellen, dass alle Vorschriften eingehalten werden.

Die Integration von Kundendaten aus verschiedenen Quellen erfordert oft den Einsatz von spezialisierten Integrationsplattformen oder -diensten. Diese Tools ermöglichen eine nahtlose Synchronisierung und Konsolidierung von Daten und unterstützen so eine einheitliche Kundensicht. Dabei spielt auch die Wahl der richtigen Architektur eine Rolle, beispielsweise die Verwendung von Microservices oder APIs, um die Flexibilität und Skalierbarkeit des Datenmanagements zu verbessern.

In der Praxis erfordert das Kundendatenmanagement in großen Unternehmen eine kontinuierliche Anstrengung und die Bereitschaft, in Technologie und Fachwissen zu investieren. Die erfolgreiche Bewältigung dieser Herausforderungen ist jedoch entscheidend für den Geschäftserfolg, da sie nicht nur die Effizienz und Effektivität von Marketing- und Vertriebsaktivitäten steigert, sondern auch das Vertrauen und die Zufriedenheit der Kunden fördert.

Bezogen auf die Herausforderungen bei der Sicherung der Datenqualität, die in den vorhandenen Unterlagen beschrieben sind, lassen sich verschiedene Lösungsansätze identifizieren. Diese Ansätze adressieren die Probleme der Dublettenbildung, veralteter Informationen und inkonsistenter Datenformate.

1. **Dubletten:** Um das Problem der Dubletten in Datenbeständen effektiv zu bekämpfen, ist der Einsatz von spezialisierten Softwarelösungen, wie TOLERANT Match, unerlässlich. Diese Tools verwenden fortschrittliche Algorithmen, um doppelte Einträge zu erkennen, selbst wenn diese geringfügige Unterschiede aufweisen. Die Normalisierung von Namen und Adressen vor dem Abgleich verbessert die Trefferquote erheblich. Darüber hinaus ermöglicht die Verwendung phonetischer Algorithmen, ähnlich klingende Einträge zu identifizieren, die bei einer rein textbasierten Suche möglicherweise übersehen würden. Eine kontinuierliche Pflege und Überprüfung der Daten trägt dazu bei, die Entstehung neuer Dubletten zu minimieren.

2. **Veraltete Informationen:** Die Aktualität der Daten kann durch regelmäßige Überprüfungen und Updates sichergestellt werden. Hierbei spielen externe Datenquellen eine wichtige Rolle, da sie es ermöglichen, Veränderungen wie Umzüge, Namensänderungen oder auch Firmeninsolvenzen zu erfassen. Automatisierte Prozesse, die in regelmäßigen Abständen durchgeführt werden, helfen dabei, die Datenbestände aktuell zu halten. Zudem können Feedback-Mechanismen von Kunden oder Nutzern wertvolle Hinweise auf veraltete Informationen liefern und sollten deshalb in die Datenpflege einbezogen werden.

3. **Inkonsistente Datenformate:** Die Standardisierung von Datenformaten ist ein zentraler Ansatz, um Inkonsistenzen zu vermeiden. Dies betrifft insbesondere die Forma-

tierung von Adressen, Namen und Kontaktdaten. Richtlinien für die Dateneingabe sowie Validierungsregeln bei der Erfassung neuer Daten tragen dazu bei, dass Daten von Anfang an in einem konsistenten Format vorliegen. Der Einsatz von Datenbereinigungstools kann dabei helfen, bestehende Datenbestände zu harmonisieren und einheitliche Formate sicherzustellen.

Insgesamt erfordert die Sicherung der Datenqualität einen ganzheitlichen Ansatz, der präventive Maßnahmen zur Vermeidung von Datenqualitätsproblemen mit korrektiven Maßnahmen zur Behebung bestehender Probleme kombiniert. Die kontinuierliche Überwachung und Anpassung der Strategien an neue Herausforderungen ist dabei unerlässlich, um die Datenqualität langfristig auf einem hohen Niveau zu halten.

5.2.2 Beispielhafte Implementierungen

Die Reise durch das Labyrinth der Datenverarbeitung führt uns in das Herzstück großer Unternehmen, wo die Praxis des Kundendatenmanagements einerseits Herausforderungen birgt und andererseits beeindruckende Lösungen offenbart. Hier entfaltet sich die wahre Kunst der Datenqualitätsverbesserung, illustriert durch beispielhafte Implementierungen von TOLERANT Match, die als Leuchtfeuer der Innovation und Effizienz dienen.

Betrachten wir den Fall eines international agierenden E-Commerce-Giganten. Dieses Unternehmen stand vor einer gigantischen Herausforderung: die Flut an Kundeninformationen nicht nur zu bändigen, sondern daraus einen kristallklaren Strom wertvoller Einsichten zu formen. Die Lösung fand es in der Implementierung von TOLERANT Match, welches mit seiner fehlertoleranten Suche und Abgleichstechnologie die Qualität der Kundendaten auf ein nie dagewesenes Niveau hob. Indem es Dubletten eliminierte und Daten Inkonsistenzen korrigierte, verwandelte das System ehemals trübe Gewässer in eine Quelle klarer, nutzbarer Daten. Die Auswirkungen waren vielfältig: von verbesserten Marketingstrategien, die nun auf präzisen Kundendaten basierten, bis hin zu einem Kundenservice, der durch die Vollständigkeit und Genauigkeit der Informationen neu definiert wurde.

Ein weiteres Beispiel ist das eines führenden Telekommunikationsanbieters, der mit der Herausforderung konfrontiert war, die riesigen Mengen an Kundendaten aus verschiedenen Quellen zu harmonisieren. Die Implementierung von TOLERANT Match ermöglichte es dem Unternehmen, seine Datenbanken effizient zu konsolidieren, indem es ähnliche Datensätze intelligent zusammenführte und dadurch die Integrität und Nützlichkeit der Kundendatenbank signifikant verbesserte. Diese Verbesserung der Datenqualität führte zu einer höheren Kundenzufriedenheit und einer gesteigerten Effizienz in der Kundenbetreuung.

Diese Fälle unterstreichen, wie TOLERANT Match Unternehmen befähigt, die Qualität ihrer Datenbestände zu meistern und dadurch einen klaren Wettbewerbsvorteil zu erlangen. Die softwaregestützte Transformation von Kundendaten in wertvolle Ressourcen ist ein entscheidender Schritt auf dem Weg zu einem erfolgreichen, datengesteuerten Unternehmensmodell. Indem sie ihre Datenqualität mit TOLERANT Match auf ein neues Niveau heben, können Unternehmen nicht nur ihre internen Prozesse optimieren, sondern auch die Beziehung zu ihren Kunden grundlegend verbessern.

5.3 Compliance und Risikomanagement

5.3.1 Einhaltung von Datenschutzrichtlinien

Im digitalen Zeitalter, wo Daten als das neue Öl gelten, sind Datenschutzverletzungen eine ständige Bedrohung für Unternehmen und Verbraucher weltweit. Ein besonders beunruhigender Vorfall ereignete sich kürzlich, als mehrfach gespeicherte Informationen zu einer gravierenden Datenschutzverletzung führten. Dieser Vorfall wirft ein Schlaglicht auf die komplexen Herausforderungen, denen sich Unternehmen in Bezug auf Datenmanagement und Datenschutz gegenübersehen.

Eine Pressemeldung[7]:

Duplikate Desaster:
Der stille Feind in Unternehmensdatenbanken

Ein international agierendes Unternehmen, das anonym bleiben möchte, erlebte eine massive Datenschutzverletzung, die Tausende von Kunden betraf. Die Ursache: In den umfangreichen Datenbanken des Unternehmens waren Kundendaten nicht nur veraltet, sondern auch vielfach als Duplikate gespeichert. Diese redundante Datenspeicherung führte zu einem Szenario, in dem persönliche Informationen der Kunden leicht zugänglich und anfällig für unbefugte Zugriffe waren.

Duplikate in Datenbanken erschweren nicht nur die Pflege der Datenqualität, sondern erhöhen auch das Risiko von Datenschutzverletzungen. Im Falle des besagten Unternehmens ermöglichte die redundante Speicherung von Daten Cyberkriminellen, mehrere Einträge derselben Person zu identifizieren und zu manipulieren. Dies erleichterte den unbefugten Zugriff auf persönliche Informationen und deren Missbrauch.

---

7 Anm. d. Redaktion: Text wurde DSGVO-konform und zum Schutz des Kunden angepasst.

Die Auswirkungen dieser Datenschutzverletzung waren verheerend. Abgesehen von den offensichtlichen Sicherheitsrisiken für betroffene Kunden, litt das Unternehmen unter einem erheblichen Vertrauensverlust. Kunden fühlten sich nicht mehr sicher, ihre Daten dem Unternehmen anzuvertrauen, was zu einem spürbaren Rückgang der Kundentreue führte. Darüber hinaus sah sich das Unternehmen mit empfindlichen Strafen im Rahmen der Datenschutzgrundverordnung (DSGVO) konfrontiert, was die finanziellen Einbußen weiter verstärkte.

Um ähnliche Vorfälle in der Zukunft zu vermeiden, müssen Unternehmen proaktive Maßnahmen ergreifen. Dazu gehört die Implementierung fortschrittlicher Softwarelösungen wie TOLERANT Match, die dabei helfen, Duplikate effizient zu erkennen und zu beseitigen. Eine regelmäßige Überprüfung und Aktualisierung der Datenbestände ist ebenfalls unerlässlich, um die Datenqualität zu sichern und die Einhaltung von Datenschutzrichtlinien zu gewährleisten.

Dieser Vorfall dient als mahnendes Beispiel für die Bedeutung einer sorgfältigen Datenverwaltung und des Datenschutzes. In einer Zeit, in der Daten mehr denn je Macht bedeuten, ist es entscheidend, dass Unternehmen in Technologien und Praktiken investieren, die nicht nur die Effizienz steigern, sondern auch die Sicherheit und Privatsphäre ihrer Kunden schützen. Die Datenschutzverletzung durch mehrfach gespeicherte Informationen ist ein Weckruf, dem sich kein Unternehmen verschließen sollte.

In der digitalen Ära, in der wir uns befinden, sind Datenschutzrichtlinien nicht nur eine gesetzliche Anforderung, sondern auch ein fundamentales Anliegen für Unternehmen und ihre Kunden. Im spezifischen Kontext von TOLERANT Match spielt die Einhaltung von Datenschutzrichtlinien eine entscheidende Rolle. Dieses Tool wurde unter Berücksichtigung strengster Datenschutzstandards entwickelt, um eine sichere und verantwortungsvolle Verarbeitung sensibler Informationen zu gewährleisten.

TOLERANT Match trägt auf vielfache Weise zur Einhaltung von Datenschutzrichtlinien bei. Durch die Anwendung fortschrittlicher Algorithmen zur Datenbereinigung und -anreicherung ermöglicht es Unternehmen, ihre Kundendaten nicht nur zu optimieren, sondern auch sicherzustellen, dass diese Daten aktuell und korrekt sind. Dies reduziert das Risiko von Datenschutzverletzungen, die durch veraltete oder ungenaue Informationen verursacht werden könnten.

Ein weiterer wichtiger Aspekt ist die Duplikaterkennung, eine Kernfunktion von TOLERANT Match. Durch das Identifizieren und Zusammenführen von Dubletten können Unternehmen sicherstellen, dass jeder Kunde nur einmal in ihren Systemen erfasst wird. Dies minimiert nicht nur das Risiko von Dateninkonsistenzen, sondern unterstützt auch die Einhaltung der Datenschutz-Grundverordnung (DSGVO), die ein Recht auf Genauigkeit der gespeicherten personenbezogenen Daten vorsieht.

Darüber hinaus bietet TOLERANT Match Unternehmen die Möglichkeit, ihre Datenverarbeitungsprozesse transparent zu gestalten. Durch detaillierte Protokollierung und Berichterstattung können Unternehmen nachweisen, wie und warum personenbezogene Daten verarbeitet werden, was ein wesentliches Element der DSGVO-Compliance ist.

TOLERANT Match ist somit nicht nur ein Werkzeug zur Steigerung der Datenqualität, sondern auch ein Verbündeter im Bereich des Datenschutzes. Durch die Bereitstellung von Technologien, die die Einhaltung von Datenschutzrichtlinien unterstützen, hilft TOLERANT Match Unternehmen dabei, das Vertrauen ihrer Kunden zu gewinnen und zu bewahren. In einer Welt, in der Datenschutz und -sicherheit immer mehr in den Fokus rücken, ist dies ein unschätzbarer Vorteil.

5.3.2 Reduzierung von Betrugsrisiken

Die dunklen Wolken der Wirtschaftskriminalität und des Betrugs hängen schwer über der Geschäftswelt, doch es gibt einen Lichtblick am Horizont: TOLERANT Match, das sich als Schild gegen die drohenden Unwetter positioniert. In der Ära der Digitalisierung, wo Daten schneller fließen als der Amazonas, haben Betrüger und Kriminelle neue Wege gefunden, um ihre Machenschaften zu verfeinern und zu erweitern. Doch die Antwort auf diese Bedrohung könnte nicht präziser sein: TOLERANT Match, eine Software, die darauf spezialisiert ist, Compliance- und Risikomanagement in Unternehmen aller Größen und Branchen zu revolutionieren.

Mit der Implementierung von TOLERANT Match können Unternehmen einen proaktiven Schritt in Richtung Sicherheit und Integrität ihrer Datenbestände machen. Die Software bietet nicht nur die Möglichkeit, Betrugsversuche durch präzise Duplikaterkennung und -vermeidung zu unterbinden, sondern gewährleistet auch die Einhaltung strenger Datenschutzrichtlinien. Durch die Identifizierung und Korrektur inkonsistenter, veralteter oder fehlerhafter Daten minimiert TOLERANT Match das Risiko von Sicherheitslücken, die sonst von Kriminellen ausgenutzt werden könnten.

Eines der Kernelemente von TOLERANT Match ist die fehlertolerante Suche, die selbst bei geringfügigen Abweichungen oder Tippfehlern in den Daten Übereinstimmungen findet. Dies ist besonders wertvoll im Kampf gegen Betrug, da Betrüger oft minimale Änderungen an persönlichen Daten vornehmen, um Systeme zu täuschen. Durch den Einsatz fortschrittlicher Algorithmen ist TOLERANT Match in der Lage, diese geringfügigen Abweichungen zu

erkennen und Übereinstimmungen mit bereits bekannten Betrugsfällen zu finden.

Darüber hinaus unterstützt TOLERANT Match Unternehmen dabei, ihre Compliance-Anforderungen zu erfüllen. Die Einhaltung
von Datenschutzgrundverordnung (DSGVO) und anderen gesetzlichen Bestimmungen wird durch die präzise Verarbeitung und das
Management der Kundendaten sichergestellt. Indem die Software
hilft, die Datenqualität kontinuierlich zu überwachen und zu verbessern, können Unternehmen sicherstellen, dass ihre Datenverar-
beitungspraktiken den gesetzlichen Standards entsprechen.

Die Integration von TOLERANT Match in bestehende Systeme ist
ein weiterer Vorteil für Unternehmen, die ihre Sicherheitsmaßnah-
men verstärken möchten. Die Flexibilität und Anpassungsfähigkeit
der Software ermöglicht eine reibungslose Implementierung in
verschiedenste IT-Landschaften. Somit können Unternehmen die
Vorteile von TOLERANT Match nutzen, ohne ihre bestehenden Prozesse grundlegend ändern zu müssen.

In der heutigen schnelllebigen und datengesteuerten Welt ist
die Sicherheit und Integrität von Daten wichtiger denn je. TOLE-
RANT Match bietet eine effektive Lösung, um Unternehmen vor
den Risiken der Wirtschaftskriminalität und des Betrugs zu schützen und gleichzeitig die Einhaltung von Datenschutzrichtlinien zu
gewährleisten. Mit dieser Software können Unternehmen einen
wichtigen Schritt in Richtung einer sichereren und zuverlässigeren
Datenverarbeitung machen, die nicht nur das Risiko minimiert,
sondern auch das Vertrauen von Kunden und Partnern stärkt.

Die Geschichte eines Betrugsfalls[8]:

Die Sonne geht auf über der Skyline einer pulsierenden Metro-
pole, und während die Stadt zum Leben erwacht, beginnt in den
Büroräumen eines renommierten Finanzunternehmens ein Tag,

---

8   Anm. d. Redaktion: Text wurde DSGVO-konform und zum Schutz des Kunden angepasst.

der in die Geschichte eingehen wird. Doch dies ist kein gewöhnlicher Tag. Dies ist der Tag, an dem durch die innovative Technologie von TOLERANT Match ein ausgeklügelter Betrugsfall aufgedeckt wird, der das Potenzial hatte, Millionen zu kosten.

Die Geschichte beginnt einige Monate zuvor, als das Finanzunternehmen mit einer Reihe verdächtiger Transaktionen konfrontiert wurde. Die Buchhalter stießen auf ungewöhnliche Muster, die sich nicht mit den üblichen Geschäftsaktivitäten deckten. Alarmglocken läuteten, und das Unternehmen beschloss, TOLERANT Match einzusetzen, um seinen umfangreichen Datensatz zu durchleuchten.

Mit TOLERANT Match begann eine tiefgreifende Analyse der Kunden- und Transaktionsdaten. Die Software, bekannt für ihre Fähigkeit, auch die raffiniertesten Betrugsversuche aufzudecken, nutzte ihre fortschrittlichen Algorithmen, um nach Inkonsistenzen und Anomalien zu suchen. Es dauerte nicht lange, bis das System auf eine Reihe von Duplikaten stieß – nicht bloße Zufälle, sondern klare Indizien für eine systematische Manipulation.

Das Team hinter der Untersuchung stellte fest, dass diese Duplikate Teil eines ausgeklügelten Schemas waren, bei dem Identitäten gestohlen und für betrügerische Zwecke genutzt wurden. Die Betrüger hatten sich in die Datenbanken eingeschlichen, Kundendaten manipuliert und sich so Zugang zu unerlaubten Mitteln verschafft. Doch dank TOLERANT Match war ihr Spiel vorbei.

Die entscheidende Wende kam, als TOLERANT Match nicht nur die betroffenen Konten identifizierte, sondern auch die Verbindungen zwischen ihnen aufdeckte. Dies ermöglichte es den Ermittlern, das Netzwerk der Betrüger zu entschlüsseln und ihre Methoden zu verstehen. Die Software hatte nicht nur einzelne Betrugsfälle aufgedeckt, sondern auch das umfassende Muster dahinter.

Dank der präzisen Datenanalyse von TOLERANT Match konnte das Unternehmen die Behörden alarmieren und die notwendigen Beweise liefern, um die Täter zur Rechenschaft zu ziehen. Der Fall wurde zu einem Paradebeispiel dafür, wie fortschrittliche Technologie im Kampf gegen finanziellen Betrug eingesetzt werden kann.

Dieser Erfolg war jedoch mehr als nur die Aufdeckung eines Betrugsfalls. Es war ein Sieg für die Datenintegrität und ein Beweis dafür, wie entscheidend die Rolle von Technologien wie TOLERANT Match in der modernen Geschäftswelt ist. Durch die Sicherstellung der Datenqualität und den Schutz vor Manipulationen tragen sie dazu bei, ein Umfeld zu schaffen, in dem Unternehmen und ihre Kunden vor den immer ausgeklügelteren Methoden der Kriminellen geschützt sind.

Die Aufdeckung dieses Betrugsfalls durch TOLERANT Match ist nicht nur ein Triumph der Technik über die Kriminalität, sondern auch ein starkes Zeichen für die Bedeutung von Datenqualität und -sicherheit. In einer Zeit, in der Daten mehr als je zuvor Macht bedeuten, zeigt diese Geschichte, dass mit den richtigen Werkzeugen Integrität und Vertrauen bewahrt werden können.

Interview mit dem leitenden firmeninternen Ermittler zur Aufdeckung des Betrugsfalles durch TOLERANT Match[9]

Interviewer: Guten Tag und vielen Dank, dass Sie sich die Zeit für dieses Gespräch nehmen. Können Sie uns zu Beginn etwas über die Herausforderungen erzählen, mit denen Sie konfrontiert waren, als der Betrugsfall zu Ihnen kam?

Leitender Ermittler (LE): Guten Tag. Natürlich, der Fall war von Anfang an komplex. Wir standen vor einem hochentwickelten Betrugsschema, das tief in den Daten unseres Unternehmens verwurzelt war. Die größte Herausforderung bestand darin, die manipulierten Datensätze aus Millionen von legitimen Transaktionen und

---

9   Anm. d. Redaktion: Text wurde DSGVO-konform und zum Schutz des Kunden angepasst.

Kundendaten herauszufiltern. Es war wie die sprichwörtliche Suche nach der Nadel im Heuhaufen.

Interviewer: Wie kamen Sie auf die Idee, TOLERANT Match zur Aufklärung des Falles einzusetzen?

LE: Wir wussten, dass wir eine Lösung benötigen würden, die nicht nur die Oberfläche kratzt, sondern in die Tiefe unserer Daten eindringen kann. TOLERANT Match kam ins Spiel, da es speziell für solche Szenarien entwickelt wurde – um Inkonsistenzen in den Daten aufzudecken und Betrugsversuche zu identifizieren. Seine Fähigkeit, Dubletten zu erkennen und zu analysieren, machte es zum idealen Werkzeug für unsere Bedürfnisse.

Interviewer: Was waren die entscheidenden Momente oder Entdeckungen während Ihrer Untersuchung mit TOLERANT Match?

LE: Ein Schlüsselmoment war, als wir die ersten verdächtigen Muster in den Transaktionsdaten entdeckten. TOLERANT Match half uns, ähnliche Fälle zu verknüpfen, die wir zunächst nicht für zusammengehörig hielten. Die Software enthüllte ein Netzwerk von Konten, die alle auf dieselbe Betrugsstrategie hindeuteten. Diese Erkenntnisse ermöglichten es uns, das ganze Ausmaß des Betrugs zu erfassen und strategisch gegen die Täter vorzugehen.

Interviewer: Welche Rolle spielte die Datenqualität bei der Aufklärung des Falles?

LE: Eine immense Rolle. Ohne genaue und konsistente Daten hätten wir den Betrug niemals aufdecken können. TOLERANT Match verbesserte nicht nur unsere Datenqualität durch die Bereinigung und Konsolidierung der Datensätze, sondern stärkte auch unsere Fähigkeit, zukünftige Betrugsversuche zu erkennen und zu verhindern.

Interviewer: Was möchten Sie anderen Unternehmen mit auf den Weg geben, die mit ähnlichen Bedrohungen konfrontiert sein könnten?

LE: Unterschätzen Sie niemals die Bedeutung von Datenqualität und der richtigen Werkzeuge zur Datenanalyse. In einer Zeit, in der Daten immer wertvoller werden, ist es entscheidend, in Technologien wie TOLERANT Match zu investieren, die nicht nur die Sicherheit Ihrer Daten gewährleisten, sondern auch das Vertrauen Ihrer Kunden stärken. Seien Sie proaktiv, nicht reaktiv, wenn es um Datensicherheit geht.

Interviewer: Vielen Dank für dieses aufschlussreiche Gespräch und Ihre Zeit.

LE: Es war mir ein Vergnügen. Danke, dass Sie das Bewusstsein für diese wichtigen Themen schärfen.

6. Zukunftsaussichten

6.1 Innovationen und Trends im Bereich der Datenqualität

6.1.1 Künstliche Intelligenz und maschinelles Lernen

Es bahnt sich eine Revolution an, die die Landschaft der Datenqualitätsmanagement-Systeme nachhaltig verändern könnte. Künstliche Intelligenz (KI) und maschinelles Lernen (ML) stehen im Zentrum dieser Transformation, indem sie neue Dimensionen der Datenanalyse und -bereinigung eröffnen, die bislang unvorstellbar waren.

Künstliche Intelligenz und maschinelles Lernen repräsentieren nicht einfach nur weitere Werkzeuge im Arsenal der Datenwissenschaftler. Sie verkörpern vielmehr eine grundlegende Veränderung darin, wie Datenqualität nicht nur bewertet, sondern kontinuierlich verbessert und automatisiert werden kann. Die Integration dieser Technologien in Systeme zur Verbesserung der Datenqualität verspricht eine erhebliche Steigerung der Effizienz und Wirksamkeit bei der Identifizierung, Bereinigung und Anreicherung von Datensätzen.

Durch die Anwendung von KI und ML auf Probleme der Datenqualität können Unternehmen Anomalien, Duplikate und Fehler in ihren Datenbeständen mit einer Präzision und Geschwindigkeit erkennen, die mit herkömmlichen Methoden nicht zu erreichen sind. Diese Technologien sind in der Lage, Muster und Zusammenhänge in den Daten zu erkennen, die für das menschliche Auge verborgen bleiben würden. So können sie etwa inkonsistente Dateneinträge identifizieren, die auf den ersten Blick als unabhängige und korrekte Datensätze erscheinen mögen.

Ein weiterer entscheidender Vorteil der Integration von KI und ML in das Datenqualitätsmanagement liegt in ihrer Fähigkeit, aus Daten zu lernen und sich im Laufe der Zeit zu verbessern. Dies bedeutet, dass die Systeme nicht nur Fehler korrigieren, sondern auch prognostizieren können, wo zukünftige Probleme auftreten könnten, und präventive Maßnahmen empfehlen. Die dadurch ermöglichte proaktive Herangehensweise an die Datenqualität kann Unternehmen dabei helfen, Probleme zu lösen, bevor sie überhaupt entstehen.

Diese technologischen Fortschritte stellen allerdings nicht nur eine Chance dar, sondern auch eine Herausforderung für Unternehmen. Die Implementierung und Integration von KI- und ML-basierten Lösungen erfordert spezialisiertes Wissen und Ressourcen. Zudem müssen Unternehmen die ethischen und datenschutzrechtlichen Aspekte berücksichtigen, die mit der Verwendung dieser Technologien einhergehen. Datenschutz, Transparenz und die Sicherheit der Daten müssen an vorderster Stelle stehen, um das Vertrauen der Kunden zu gewährleisten und regulatorischen Anforderungen gerecht zu werden.

In Anbetracht dieser Entwicklungen ist es offensichtlich, dass KI und ML das Potenzial haben, die Art und Weise, wie Unternehmen ihre Datenqualität managen, radikal zu verändern. Indem sie diese Technologien in ihre Datenqualitätsstrategien integrieren, können Unternehmen nicht nur die Effizienz ihrer Prozesse steigern, sondern auch tiefere und wertvollere Einblicke aus ihren Daten gewinnen. Die Zukunft des Datenmanagements liegt in der intelligenten Automatisierung, und KI sowie ML sind die Schlüsseltechnologien, die diesen Wandel vorantreiben.

6.1.2 Die Rolle von Big Data

Big Data erweist sich als Leuchtturm der Erkenntnis für Unternehmen aller Größenordnungen. Doch was genau verbirgt sich hinter diesem Begriff, der in Geschäftskreisen ebenso oft zitiert wird wie missverstanden? Big Data ist nicht nur ein Schlagwort, sondern eine revolutionäre Entwicklung, die die Art und Weise, wie wir über Daten denken und mit ihnen arbeiten, grundlegend verändert hat.

Die Quintessenz von Big Data liegt in seiner Fähigkeit, aus der enormen Menge, Vielfalt und Geschwindigkeit generierter Daten wertvolle Einsichten zu gewinnen. Diese Datenströme, die aus verschiedenen Quellen wie sozialen Medien, Transaktionsprotokollen, Sensoren in IoT-Geräten und vielem mehr stammen, bilden ein komplexes Netzwerk von Informationen, das, richtig interpretiert, eine Goldgrube für die datengetriebene Entscheidungsfindung ist.

Die Herausforderung bei Big Data ist jedoch nicht nur die schiere Menge an Daten, sondern auch die Geschwindigkeit, mit der sie erzeugt werden, und die Vielfalt der Datenformate. Hier kommt die Bedeutung von fortschrittlichen Analysetools und Technologien ins Spiel, die in der Lage sind, diese Daten in Echtzeit zu erfassen, zu verarbeiten und zu analysieren. Technologien wie maschinelles Lernen und künstliche Intelligenz spielen eine Schlüsselrolle bei der Transformation von Big Data in actionable insights – handlungsrelevante Erkenntnisse, die Unternehmen dabei unterstützen, proaktiv zu agieren statt nur zu reagieren.

Ein Blick in die Zukunft offenbart, dass Big Data und die damit verbundenen Technologien nicht nur eine vorübergehende Erscheinung sind, sondern den Anfang einer Ära markieren, in der datengestützte Intelligenz zum Rückgrat unternehmerischer Strategien wird. Die fortschreitende Digitalisierung und Vernetzung aller Lebensbereiche wird den Datenstrom weiter anschwellen lassen und gleichzeitig die Werkzeuge zu seiner Analyse verfeinern.

In diesem Zusammenhang wird die Rolle von TOLERANT Match besonders interessant. Diese Lösung steht exemplarisch für die nächste Generation von Datenqualitäts- und -integrationswerkzeugen, die speziell darauf ausgelegt sind, die Herausforderungen von Big Data zu meistern. Durch die Bereinigung, Anreicherung und nahtlose Integration von Daten aus verschiedenen Quellen ermöglicht TOLERANT Match Unternehmen, das volle Potenzial ihrer Daten zu erschließen. Es ist ein unverzichtbares Instrument in einem Arsenal, das darauf abzielt, aus der Überfülle an Informationen echten Mehrwert zu generieren.

Die Landschaft von Big Data ist ein dynamisches Feld, geprägt von ständiger Evolution und Innovation. In diesem Kontext positioniert sich TOLERANT Match nicht nur als ein Werkzeug zur Datenverbesserung, sondern als ein Katalysator für den Wandel, der Unternehmen befähigt, in einer zunehmend datengetriebenen Welt erfolgreich zu navigieren. Big Data ist hierbei nicht das Endziel, sondern vielmehr der Ausgangspunkt für eine Reise hin zu intelligenteren, effizienteren und zukunftsorientierten Geschäftsmodellen.

6.2 Die Rolle von TOLERANT Match in der Zukunft der Datenverarbeitung

6.2.1 Die interne Entwicklungsroadmap

Die Reise der Datenqualitätssicherung durch TOLERANT Match tritt in eine neue, aufregende Phase ein. Mit der unveröffentlichten Entwicklungsroadmap für TOLERANT Match stehen die Weichen für eine Zukunft, in der die Bedeutung von präzisen, zuverlässigen Daten weiterhin zunimmt. Diese Roadmap ist nicht nur ein Wegweiser für weitere Innovationen, sondern auch ein Bekenntnis zu stetiger Verbesserung und Anpassung an die sich wandelnden Bedürfnisse der Unternehmen.

In der jüngsten Aktualisierung der Roadmap werden bahnbrechende Features und Erweiterungen geplant, die darauf abzielen, die Effizienz der Datenverarbeitung noch weiter zu steigern und neue, bisher unerschlossene Möglichkeiten der Datenoptimierung zu eröffnen. Ein Highlight ist die verstärkte Integration von künstlicher Intelligenz (KI) und maschinellem Lernen (ML), die es ermöglichen soll, Datenabgleiche und -bereinigungen noch präziser und schneller durchzuführen. Diese Technologien lernen aus vergangenen Prozessen, verbessern sich kontinuierlich und können so die Qualität der Datenverarbeitung auf ein neues Niveau heben.

Darüber hinaus setzt TOLERANT Match verstärkt auf die Automatisierung von Routineaufgaben im Bereich der Datenpflege. Dies soll Unternehmen nicht nur entlasten, sondern auch die Fehleranfälligkeit reduzieren und die Datenqualität weiter verbessern. Durch die Automatisierung werden Daten in Echtzeit aktualisiert, wodurch die Aktualität und Relevanz der Informationen gewährleistet wird.

Ein weiterer zentraler Punkt der Roadmap ist die Erweiterung der Kompatibilität mit verschiedenen Datenformaten und Systemlandschaften. Ziel ist es, TOLERANT Match noch nahtloser in die bestehende IT-Infrastruktur von Unternehmen zu integrieren und so die Hürden für die Implementierung und Nutzung der Software weiter zu senken.

Die Entwicklungsroadmap sieht außerdem vor, die Anwendungsbereiche von TOLERANT Match auszudehnen. Neben den klassischen Einsatzgebieten wie Marketing und Kundendatenmanagement sollen zukünftig auch Bereiche wie das Internet der Dinge

(IoT), Big Data-Analysen und fortschrittliche Prognosemodelle unterstützt werden. Diese Erweiterung trägt der zunehmenden Vernetzung und der wachsenden Datenflut Rechnung und bietet Unternehmen neue Werkzeuge, um aus ihren Daten maximalen Nutzen zu ziehen.

Abschließend bekräftigt die Roadmap das Engagement von TOLERANT Match für Datenschutz und Datensicherheit. In Zeiten zunehmender Cyber-Bedrohungen und strengerer Datenschutzgesetze ist es essenziell, dass Lösungen zur Datenqualitätssicherung nicht nur effizient, sondern auch sicher sind. TOLERANT Match verpflichtet sich dazu, seine Software kontinuierlich an die neuesten Sicherheitsstandards anzupassen und so den Schutz sensibler Daten zu gewährleisten.

Mit dieser Entwicklungsroadmap setzt TOLERANT Match ein starkes Zeichen für die Zukunft der Datenqualität. Die geplanten Innovationen und Erweiterungen zeigen, dass das Streben nach Perfektion in der Welt der Daten kein fernes Ziel, sondern eine greifbare Realität ist.

7. Schlussfolgerung

7.1 Schlüsselargumente

Wo Daten das neue Gold sind, hebt sich TOLERANT Match als ein unverzichtbares Werkzeug für Unternehmen ab, die ihre Datenqualität nicht nur verbessern, sondern meistern möchten. Die Kernbotschaft ist die vielfältige Effektivität und Effizienz, die TOLERANT Match in der Bewältigung von Datenherausforderungen bietet. Von der fehlerfreien Adressvalidierung über die präzise Dublettenprüfung bis hin zur umfassenden Datenanreicherung – TOLERANT Match beweist seine Stärke in zahlreichen Anwendungsfällen.

Ein herausragendes Merkmal von TOLERANT Match ist seine Fähigkeit, die Datenqualität grundlegend zu transformieren, indem es nicht nur Fehler korrigiert, sondern auch die Vollständigkeit und Konsistenz der Daten sicherstellt. Die Technologie hinter TOLERANT Match, die fehlertolerante Suche und Abgleich ermöglicht, stellt sicher, dass selbst bei geringfügigen Abweichungen oder Fehlern in den Daten ein korrekter Abgleich erfolgt. Dies ist besonders in Umgebungen von Bedeutung, in denen die Genauigkeit der Daten direkte Auswirkungen auf die Geschäftsleistung hat, wie beispielsweise im Marketing, im Kundenservice oder in der Compliance.

Darüber hinaus ermöglicht die Flexibilität von TOLERANT Match, die sich in der Anpassungsfähigkeit an verschiedene Datenformate und der Integration in bestehende Systemlandschaften zeigt, eine nahtlose Implementierung in diverse Geschäftsprozesse. Die Skalierbarkeit und Zuverlässigkeit der Software gewährleisten, dass Unternehmen jeder Größe und Branche von ihren fortschrittlichen Funktionen profitieren können, ohne Kompromisse bei der Leistung einzugehen.

Durch die Verbesserung der Datenqualität mit TOLERANT Match eröffnen sich Unternehmen neue Möglichkeiten, ihre Effizienz zu steigern, Kosten zu senken und letztendlich ihre Wettbewerbsfähigkeit zu erhöhen. Die positiven Auswirkungen auf Marketingkampagnen durch gezieltere Kundenansprache, auf das Risikomanagement durch präzisere Datenanalysen und auf die Kundenzufriedenheit durch fehlerfreie Kommunikation sind nur einige der vielfältigen Vorteile.

TOLERANT Match steht somit als Synonym für eine zukunftsorientierte, datengetriebene Entscheidungsfindung und bietet eine solide Grundlage für Unternehmen, die in einer immer komplexer werdenden Datenlandschaft erfolgreich navigieren möchten. Die Investition in TOLERANT Match ist nicht nur ein Schritt zur Optimierung der Datenverarbeitung, sondern ein entscheidender Schritt in Richtung einer effizienteren, transparenteren und leistungsfähigeren Geschäftswelt.

7.2 Empfehlungen für Unternehmen, die ihre Datenqualität verbessern möchten

An dieser Stelle entfaltet sich eine mitreißende Botschaft: "Empfehlungen für Unternehmen, die ihre Datenqualität verbessern möchten". Diese Passage ist nicht nur der Höhepunkt unserer Reise durch die Welt der Datenqualität, sondern auch ein Weckruf an alle Unternehmen, die im digitalen Zeitalter nicht nur überleben, sondern triumphieren wollen.

Stellen Sie sich vor, Sie stehen an der Schwelle zu einem Labyrinth, in dessen Zentrum der heilige Gral der Unternehmenserfolge liegt: unantastbare Datenqualität. Der Pfad dorthin ist jedoch alles andere als linear. Er ist gesäumt von Fallstricken wie inkonsistenten Datenformaten, veralteten Informationen und den berüchtigten Duplikaten, die wie Schatten im System lauern. Doch keine Sorge, dieses Kapitel ist Ihr Kompass, der Sie sicher durch dieses Labyrinth führt.

Beginnen wir mit einer unumstößlichen Wahrheit: Die Pflege der Datenqualität ist keine einmalige Aufgabe, sondern eine fortlaufende Verpflichtung. Das Herzstück unserer Empfehlungen bildet die Implementierung einer Strategie, die den gesamten Lebenszyklus der Daten umfasst. Von der Erfassung über die Verarbeitung bis hin zur Speicherung – jede Phase bietet die Gelegenheit, die Weichen für Qualität zu stellen.

Ein zentraler Aspekt dieser Strategie ist die Investition in fortschrittliche Technologien wie TOLERANT Match, die nicht nur Duplikate mit chirurgischer Präzision entfernen, sondern auch Daten in Echtzeit bereinigen und anreichern können. Stellen Sie sich vor, Ihre Datenbanken wären frei von jeglichen Verunreinigungen, ein Zustand, der nicht nur Effizienz und Produktivität steigert, sondern auch das Fundament für treffsichere Entscheidungen bildet.

Darüber hinaus ist die Schulung der Mitarbeitenden ein unverzichtbarer Schritt. Ein Team, das die Bedeutung qualitativ hochwertiger Daten versteht und weiß, wie es sie schützen, verbessern und nutzen kann, ist ein unschätzbarer Schatz für jedes Unternehmen. Es geht darum, eine Kultur der Datenqualität zu schaffen, in der jeder Einzelne ein Hüter der Datenintegrität ist.

Schließlich dürfen wir eines nicht vergessen: Die Landschaft der Daten ist ständig in Bewegung. Deshalb ist es entscheidend, flexibel zu bleiben und die eigenen Strategien regelmäßig zu überprüfen und anzupassen. Die digitale Transformation wartet nicht auf Nachzügler. Unternehmen, die proaktiv handeln und ihre Datenqualität als strategische Priorität behandeln, werden die Gewinner sein.

Dieses Kapitel schließt mit einem klaren Aufruf zum Handeln: Beginnen Sie noch heute mit der Verbesserung Ihrer Datenqualität. Die Investition in saubere, präzise und aktuelle Daten ist eine Investition in die Zukunft Ihres Unternehmens. Die Reise mag herausfordernd sein, aber die Belohnungen – gesteigerte Effizienz, verbesserte Entscheidungsfindung und letztlich ein starker Wettbewerbsvorteil – sind jede Anstrengung wert.

8. Anhänge

8.1 Glossar

1. **Adressvalidierung**: Überprüfung und Korrektur von postalischen Adressen nach bestimmten Standards.

2. **Anreicherungsprozess**: Der Vorgang, bei dem zusätzliche Informationen aus externen Quellen zu bestehenden Datensätzen hinzugefügt werden, um deren Wert zu erhöhen.

3. **Batch-Import**: Die simultane Verarbeitung großer Mengen an Daten durch Import in ein System.

4. **Batch-Verarbeitung**: Automatisierte Verarbeitung großer Mengen von Daten in einem Batch oder Stapel.

5. **Bit Array**: Eine Datenstruktur, die eine kompakte Darstellung von Bits (Binärwerte) verwendet, oft für effiziente Datenverarbeitung und Speicherung.

6. **Character Strings**: Zeichenketten, die in der Datenverarbeitung verwendet werden, um spezifische Textdaten zu identifizieren oder zu manipulieren.

7. **Cloud-Speicherintegration**: Die Anbindung von Online-Datenspeicherlösungen zur Erweiterung der Datenverarbeitungsinfrastruktur.

8. **Daten-Aggregation**: Die Zusammenführung von Daten aus verschiedenen Quellen, um eine umfassendere Sicht auf die Informationen zu erhalten.

9. **Datenanreicherung**: Prozess des Hinzufügens von relevanten Informationen zu bestehenden Datensätzen.

10. **Datenbereinigung**: Der Prozess des Entfernens oder Korrigierens von fehlerhaften, doppelten oder unvollständigen Daten in einer Datenbank.

11. **Daten-De-Duplizierung**: Der Prozess der Identifizierung und Entfernung von mehrfachen Kopien desselben Datensatzes.

12. **Datenintegrität**: Die Genauigkeit und Konsistenz von Daten über ihren gesamten Lebenszyklus.

13. **Daten-Migration**: Der Prozess des Transfers von Daten zwischen Speichersystemen, Formaten oder Computerumgebungen.

14. **Daten-Parsing**: Der Vorgang der Analyse und Umwandlung von Daten in ein formatiertes Schema.

15. **Datenpartitionierung**: Aufteilung einer Datenbank in kleinere, leichter zu verwaltende Teile zur Verbesserung der Performance.

16. **Daten-Profiling**: Die Untersuchung von Datenquellen zur Identifizierung von Mustern, Anomalien und Inhalten.

17. **Datenreparatur**: Korrektur von fehlerhaften Datenwerten zu einer genormten oder korrekten Version.

18. **Daten-Segmentation**: Die Aufteilung von Daten in spezifische Untergruppen für gezielte Analysen.

19. **Daten-Transformation**: Die Modifikation von Datenformaten, -strukturen oder -werten zur Verbesserung der Qualität oder Anpassung an neue Anforderungen.

20. **Daten-Validierungsregeln**: Richtlinien, die festlegen, wie Daten überprüft werden, um deren Genauigkeit und Zuverlässigkeit sicherzustellen.

21. **Dublettenprüfung**: Identifizierung und Entfernung von doppelten Datensätzen in einer Datenbank.

22. **Echtzeit-Datenverarbeitung**: Die sofortige Analyse und Verarbeitung von Daten, sobald sie verfügbar sind.

23. **Entity-Resolution**: Der Prozess der Zuordnung und Verknüpfung von Dateneinträgen, die sich auf dieselbe reale Entität beziehen, jedoch in verschiedenen Datenquellen oder Formaten vorliegen.

24. **Felder für spezifische Daten**: Datenfelder, die für bestimmte Arten von Daten konzipiert sind, wie z.B. Datumsangaben oder Hausnummern.

25. **Fuzzy-Logik**: Ein Ansatz zur Datenverarbeitung, der Unschärfen und Unsicherheiten berücksichtigt, um Entscheidungen oder Klassifikationen zu verbessern.

26. **Geocoding**: Der Prozess der Zuordnung von geographischen Koordinaten zu Datenpunkten wie Adressen.

27. **Gewichtungen**: Zuweisung unterschiedlicher Wichtigkeitsgrade zu verschiedenen Datenfeldern oder -kriterien bei der Datenanalyse.

28. **Hausnummernbereiche**: Spezifizierung von Bereichsgrenzen bei der Verarbeitung von Hausnummern in Adressdaten.

29. **Hybride Datenmodelle**: Datenstrukturen, die sowohl strukturierte als auch unstrukturierte Daten integrieren, um vielfältige Analysemöglichkeiten zu bieten.

30. **Informations-Governance**: Die Schaffung von Richtlinien und Praktiken zur Verwaltung, Nutzung und Sicherung von Informationen innerhalb einer Organisation.

31. **Koeffizienten-Abgleich**: Methode zum Vergleichen von Daten, um Übereinstimmungen zu finden.

32. **Kommandozeilenwerkzeuge**: Software-Tools, die über eine textbasierte Benutzeroberfläche gesteuert werden.

33. **Leerfelder**: Felder in einer Datenbank oder einem Datensatz, die keine Informationen enthalten (leer sind).

34. **Maschinelles Lernen**: Der Einsatz von Algorithmen und statistischen Modellen, um Computern die Fähigkeit zu geben, aus Daten zu lernen und Vorhersagen oder Entscheidungen ohne explizite Programmierung zu treffen.

35. **Maskierung**: Ein Vorgang, bei dem bestimmte Zeichen in Daten durch andere Zeichen oder Symbole ersetzt werden, um bestimmte Formate oder Regeln zu erfüllen.

36. **Match-Felder**: Spezifische Felder, die für den Datenabgleich verwendet werden, um Übereinstimmungen zwischen verschiedenen Datensätzen zu identifizieren.

37. **Multistring-Felder**: Datenfelder, die mehrere Zeichenketten oder Wörter enthalten und entsprechend verarbeitet werden.

38. **Negativabgleich**: Vergleich von Daten gegen eine Negativliste, um unerwünschte oder ungültige Einträge zu identifizieren.

39. **Normalisierung**: Prozess der Umwandlung von Daten in ein Standardformat.

40. **Phonetik**: Verwendung von Algorithmen, um Wörter so zu analysieren, wie sie klingen, anstatt wie sie geschrieben werden.

41. **Predictive Analytics**: Analyseverfahren, die historische Daten nutzen, um zukünftige Ereignisse, Trends oder Verhaltensweisen vorherzusagen.

42. **Regelabarbeitung**: Prozess, bei dem spezifische Regeln nacheinander angewendet werden, um Daten zu analysieren oder zu verarbeiten.

43. **Reguläre Ausdrücke**: Muster, die zum Identifizieren und Verarbeiten von Text in Daten verwendet werden.

44. **Singlestring**: Ein Datenfeld, das als eine einzelne, zusammenhängende Zeichenkette behandelt wird.

45. **Synonymdateien**: Dateien, die Synonyme enthalten, um die Suche und Analyse von Daten zu erleichtern.

46. **Text-Mining**: Der Prozess der Gewinnung von qualitativ hochwertigen Informationen aus Textquellen durch technologische Mittel.

47. **Token**: Kleinste Einheiten in einem Datenstrom, oft verwendet in der Datenverarbeitung und bei der Textverarbeitung.

48. **Transliteration**: Umwandlung von Texten von einem Schriftsystem in ein anderes, oft von nicht-lateinischen in lateinische Schrift.

49. **Unscharfe Abgleiche**: Suchverfahren, die geringfügige Abweichungen zwischen Suchanfrage und Datensätzen tolerieren, um relevante Ergebnisse zu liefern.

8.2 Über den Autoren

Der Autor Paul-Alexander Beckerburg ist ein Experte auf dem Gebiet der Datenverarbeitung und -analyse, dessen umfassende Kenntnisse und Erfahrungen ihn zu einem führenden Denker in der Branche gemacht haben. Mit einem tiefen Verständnis für die Komplexität moderner Datenökosysteme und einer Leidenschaft für Technologien, die Unternehmen dabei unterstützen, das volle Potenzial ihrer Datenbestände auszuschöpfen, ist Beckerburg die ideale Person, um "Datenqualität meistern: Wie TOLERANT Match den Unterschied macht" zu schreiben.

Sein Hintergrund in Informatik, kombiniert mit jahrelanger praktischer Erfahrung in der Anwendung fortschrittlicher Datenanalysetechniken in verschiedenen Branchen, verleiht ihm eine einzigartige Perspektive auf die Herausforderungen und Möglichkeiten der Datenqualitätsverbesserung. Beckerburgs Arbeit ist geprägt von einer tiefen Überzeugung, dass qualitativ hochwertige Daten der Schlüssel zu erfolgreichen Geschäftsentscheidungen und nachhaltigem Unternehmenswachstum sind. Diese Überzeugung, gepaart mit seinem Engagement für Innovation und Exzellenz, durchzieht sein gesamtes Schaffen.

Darüber hinaus zeichnet sich Beckerburg durch seine Fähigkeit aus, komplexe technische Konzepte verständlich und zugänglich zu machen. Sein Talent, anspruchsvolle Inhalte auf eine Art und Weise zu präsentieren, die sowohl Fachleute als auch Laien anspricht, macht sein Buch zu einer wertvollen Ressource für ein breites Publikum. Die Klarheit seiner Darstellung und die Praxisnähe seiner Beispiele und Fallstudien ermöglichen es Lesern, die Bedeutung von Datenqualität tiefgreifend zu verstehen und die vorgestellten Technologien und Methoden effektiv in ihren eigenen Organisationen anzuwenden.

Beckerburgs Fokus auf TOLERANT Match als ein revolutionäres Werkzeug zur Verbesserung der Datenqualität spiegelt seinen Ansatz wider, führende Technologien zu identifizieren und zu erläutern, die reale Probleme lösen können. Durch seine detaillierte Analyse von TOLERANT Match und seine Einblicke in dessen Anwendung in verschiedenen Geschäftskontexten liefert er einen wertvollen Leitfaden für Unternehmen, die bestrebt sind, ihre Datenqualität zu optimieren und dadurch ihre operative und strategische Leistungsfähigkeit zu steigern.

Insgesamt macht Beckerburgs umfangreiche Expertise, kombiniert mit seiner Fähigkeit, komplexe Sachverhalte klar und anschaulich zu kommunizieren, ihn zu einem idealen Autor für ein Buch über die Bedeutung von Datenqualität und die Rolle von TOLERANT Match in diesem entscheidenden Bereich. "Datenqualität meistern: Wie TOLERANT Match den Unterschied macht" steht somit nicht nur für eine fundierte Auseinandersetzung mit einem zentralen Thema der modernen Datenwissenschaft, sondern auch für einen praxisorientierten Ratgeber, der Lesern konkrete Werkzeuge und Strategien an die Hand gibt, um in der datengetriebenen Welt von heute erfolgreich zu sein.

8.3 Danksagungen

In diesem abschließenden Abschnitt des Buches "Datenqualität meistern: Wie TOLERANT Match den Unterschied macht" möchte ich meine aufrichtige Dankbarkeit und Anerkennung aussprechen. Ein besonderer Dank gilt dem Geschäftsführer Stefan Sedlacek der Firma TOLERANT Software GmbH & Co. KG, der mit seiner Vision und Führung die Entwicklung eines so außergewöhnlichen Werkzeugs wie TOLERANT Match ermöglicht hat. Ihre Adresse, Büchsenstraße 26 in 70174 Stuttgart, ist nicht nur der physische Standort eines Unternehmens, sondern auch das Zentrum einer Innovationskraft, die die Art und Weise, wie wir über Datenqualität denken, revolutioniert hat.

Ebenso möchte ich den Mitarbeitern der Firma TOLERANT Software GmbH & Co. KG meinen tiefsten Dank aussprechen. Ihr unermüdlicher Einsatz, Ihre Expertise und Ihr Engagement haben nicht nur zur Entstehung von TOLERANT Match beigetragen, sondern auch meine Arbeit an diesem Buch maßgeblich unterstützt. Ohne Ihre gewährten wertvollen Einblicke, Ihre Bereitschaft, Wissen zu teilen, und Ihre Begeisterung für die Verbesserung der Datenqualität wäre dieses Buch nicht möglich gewesen.

Die Zusammenarbeit mit Ihnen allen war für mich eine Quelle der Inspiration und Motivation. Sie haben gezeigt, dass hinter jedem erfolgreichen Produkt nicht nur fortschrittliche Technologie, sondern auch Menschen mit Leidenschaft, Hingabe und dem Streben nach Exzellenz stehen. Ihr Beitrag zur Welt der Datenverarbeitung und -analyse ist immens, und ich bin stolz darauf, durch dieses Buch ein Teil Ihrer Geschichte zu sein.

Abschließend möchte ich mich noch einmal bei jedem Einzelnen von Ihnen bedanken. Ihre Unterstützung hat mir geholfen, die Komplexität der Datenqualität zu entwirren und die Bedeutung von TOLERANT Match in diesem Kontext zu vermitteln. Ich hoffe, dass dieses Buch als Zeugnis unserer gemeinsamen Anstrengungen dient, Unternehmen dabei zu unterstützen, die Herausforderungen der Datenverarbeitung zu meistern und ihr volles Potenzial zu entfalten.

Mit tiefstem Respekt und Dankbarkeit,

Der Autor